本书受国家社会科学基金一般项目《农村老年社会救助机制优化研究》（编号：14BGL102）、江西省教育科学规划项目《贫困老年人的社会参与研究》（编号：17YB031）以及江西经济发展研究院招标项目《江西省养老目的地建设研究》的资助。

RESEARCH ON
THE MECHANISM OPTIMIZATION OF
THE RURAL SOCIAL ASSISTANCE

农村老年社会救助机制优化研究

曹清华 著

经济管理出版社
ECONOMY & MANAGEMENT PUBLISHING HOUSE

图书在版编目（CIP）数据

农村老年社会救助机制优化研究/曹清华著.—北京：经济管理出版社，2020.5

ISBN 978-7-5096-7125-2

Ⅰ.①农…　Ⅱ.①曹…　Ⅲ.①农村—老年人—社会保障制度—研究—中国

Ⅳ.①D669.6

中国版本图书馆 CIP 数据核字（2020）第 087187 号

组稿编辑：李玉敏

责任编辑：李玉敏

责任印制：黄章平

责任校对：陈晓霞

出版发行：经济管理出版社

　　　　　（北京市海淀区北蜂窝 8 号中雅大厦 A 座 11 层　100038）

网　　　址：www. E-mp. com. cn

电　　　话：（010）51915602

印　　　刷：三河市延风印装有限公司

经　　　销：新华书店

开　　　本：720mm×1000mm/16

印　　　张：13.75

字　　　数：183 千字

版　　　次：2020 年 7 月第 1 版　　2020 年 7 月第 1 次印刷

书　　　号：ISBN 978-7-5096-7125-2

定　　　价：68.00 元

序　言

　　在家庭本位制与孝文化的影响下，我国从先秦时期起就逐步形成了社会尊老敬老、以家庭养老为基础，国家收养鳏寡、社会互助互济的养老助老传统。进入现代社会，随着工业化的不断推进和人口老龄化的不断加剧，我国家庭养老功能日渐式微，老年群体的贫困风险、空巢问题等日益突出，农村尤甚。农村老年贫困群体的"老有所养"问题已经成为全社会共同关注的重要议题。新中国建立初期，针对全国失业人数众多、大量难民灾民和无依无靠的孤老残幼流浪街头的严峻形势，政府及时建立了面对这些特殊人群的社会救助制度，即"补缺型社会救助制度"。经过近七十年的发展与演变，这种传统的"补缺型"社会救助制度已经发展成为覆盖全体社会成员的权利保障制度。迄今为止，我国已经建立了以"低保"、特困救助为核心，以医疗救助、住房救助、司法援助等专项救助为辅助，以公益慈善为补充的新型城乡社会救助体系。与此同时，服务于农村老年贫困群体的现代社会救助制度机制体系基本形成，并逐步定型化和规范化。

　　社会救助制度体系的运行较好地保障了农村贫困老年群体的基本生活，促进了农村贫困家庭的和睦及社会的稳定。但是，现阶段农村老年社会救助仍然存在较大程度的供给总量不足以及供给结构不合理问题。本书的田野调查发现，农村老年救助金水平偏低、救助比例不足、重现金实物救助轻服务救助等问题比较突出。这些问题的出现，一方面是因为对农村老年贫困形势的严峻性及社会救助重要性的认识不足，另一方面则是由农村老年社会救助治理机制的不完善所导致。由于老年社会救助治理机制的不完善，引致了农村老年社会救助的供需不一致问题。优化农村老年社会救助治理机制，既有助于实现老年社会救助制度的公平性、可持续性与有效性（保障贫困老年人的基本生活），还关系到农村家庭的代际和谐与农村社会的稳定发展。随着城镇化及人口老龄化的不断发展，预计我国农村老年贫困及其养老问题会愈加突出，在此发展背景下研究农村老年社会救助及其机制优化问题成为亟须，《农村老年社会救助机制优化研究》一书的出版亦具有重要意义。

该书运用贫困生命周期理论、"新三农"理论、公共产品理论以及利益相关者理论等，为为何以及如何实施农村老年社会救助提供了理论支撑。该书对先秦时期以来的我国老年社会救助进行了详细回顾与有效总结，对典型国家的老年社会救助进行了大量梳理与比较研究，即通过纵向的历史比较与横向的国际研究归纳出老年社会救助的一般规律与若干经验教训，且该书对我国农村老年社会救助实践实施了较大规模的社会调查与评估，由此该书内容充分显示了其应有的研究深度与说服力。总之，该书对于推动社会关注农村老年贫困群体的"老有所养"问题、推动农村老年社会救助的理论与实践研究、实现农村老年社会救助制度的可持续发展有着重要的借鉴意义。

李　珍

2020 年 3 月于北京

目　录

绪　论

一、选题的缘起及其研究意义

（一）研究的缘起

"老有所养"是一个你我终将要面对的话题，也是一个历史性难题。人类社会自几十万年前诞生后历经变迁，社会对待老年人的态度与老年人的养老方式亦随之发生变化。在漫长的原始社会，由于营养水平的低下以及医疗条件的落后，当时人们的平均寿命只有二三十岁，能活到老年①的人凤毛麟角。一般而言，老年人的养老问题基本能够在氏族部落当中得到解决。但是，受制于低下的生产力以及很少的生产剩余，一些氏族部落形成了虐待和抛弃老人的风俗。例如，在因纽特人（又称爱斯基摩人）的部落中，人们往往会给上了年纪的老年人一副雪橇，任由他们往冰天雪地的雪原深

———————
① "老年"的标准是随时代发展而发展的。原始社会的人们平均寿命只有二三十岁，因此30周岁及以上即可被认定为"老年"；进入农业社会后，随着经济水平的增长和医疗条件的提升，人们的平均寿命提高到四五十岁，很多国家例如中国曾把50周岁作为进入"老年"的标志；进入工业社会后，人们的平均寿命进一步大幅提高，世界卫生组织把60周岁作为老年人的年龄起点，一些西方发达国家则把65岁作为老年与壮年的分界点；随着后工业时代科技的进步以及人口老龄化的发展，预计"老年"的年龄标准会进一步提高。

处滑去。过着狩猎采果生活的布须曼（Bushmen）人，为了狩猎常常要从一个地方迁徙到另外一个地方，每当此时，他们往往就会抛下已经上了年纪的老年人亲属，任其自生自灭。"由于不能够再为共同的幸福作出贡献或照顾自己，老年人对于生产力极为低下的原始社会部落，是一个非常沉重的负担。"①

随着种植农业的出现，社会生产剩余缓慢增加。而且，由于种植农业生产效率很大程度上取决于生产者积累的农业生产经验，因此拥有丰富农业生产经验的老年人群便成为农业社会非常有价值的群体，他们的经济地位、社会地位和政治地位得到提高，原始社会的"弃老"风俗逐渐向"尊老养老"风俗转变，并且在中外农业社会"尊老养老"开始成为一种国家社会制度。例如，《礼记·月令》中记载，仲秋之月国家即"养衰老，授几杖，以行糜粥饮食"。②《礼记·乡饮酒义》中记载："六十者坐，五十者立侍以听政役，所以明尊长也；六十者三豆，七十者四豆，八十者五豆，九十者六豆，所以明养老也。"③ 上述所提及的，即是国家层面和社会基层运行的敬老、养老制度。如果有老年人因为各种原因陷入贫困，政府、社会和个人都乐意伸出援助之手。政府更是身先表率，通过颁布各种救助法令、建立救助机构、提供救助物资等手段，给予贫困老年人以积极救助。除此之外，政府亦鼓励社会力量参与救助活动。虽然农业社会的经济水平与工业时代不可同日而语，贫困老年人所获得的救助与其需求相比（尤其是在天灾人祸时期）显得杯水车薪，但总体而言，农业社会非常重视老年人的养老问题，政府和社会通常都会对贫困老年人进行力所能及的救助，对于老年人的救助内容、手段也相对比较丰富。

工业革命开始后，工农业生产技术的突飞猛进带来了社会财富的快速

---

① ［美］N. R. 霍曼、H. A. 基亚克：《社会老年学》，冯韵文、屠敏珠译，社会科学文献出版社 1992 年版。
② ［元］陈澔注、金晓东校点：《礼记》，上海古籍出版社 2016 年版，第 195 页。
③ ［元］陈澔注、金晓东校点：《礼记》，上海古籍出版社 2016 年版，第 680 页。

增加，这在客观上为政府给老年人提供养老金和救助贫困老年人群提供了坚实的物质基础。虽然相较于农业社会，难以跟上高科技和新兴技术发展的老年人其经济地位、社会地位和政治地位都在降低，然而，促进每一个老年人实现"老有所养"已经成为现代文明社会的共识。因此，世界绝大多数国家都制定了救助贫困老年人的政策，养老助老逐渐成为一项社会福利保障制度。20 世纪中后期，工业发达国家更是依赖于其雄厚的经济实力，放弃绝对贫困标准而采用相对贫困标准，致力于为贫困老年人提供一种比较体面的生活水平。

"大约在千禧年前后，老年贫困现象开始进入全球社会关注领域以及学术界研究视野；研究者通过定性定量的研究方式，分析测量到越来越多的人群在老年阶段以各种不同的形式陷入老年贫困陷阱；不只是发展中国家，像在德国这样的工业化发达国家及福利国家，老年阶段的贫困化亦正在成为一个新的社会问题，且日益严峻。"① 全球老年贫困问题的日益突出是与人口老龄化的发展紧密相连的。进入 21 世纪后，世界人口的老龄化问题越来越严重。1950 年老年人口占全球总人口的比例是 8%，2000 年这个比例上升为 10%，预计到 2050 年这个比例将增长到 21%，老年人口的增长大大快于整个人口的增长。② 统计数据还表明，当前发达国家的老年人口占比总体高于发展中国家，但发展中国家的人口老龄化速度比发达国家快很多，且相对而言发展中国家没有比较好的物质基础与太多时间去调整以适应人口老龄化的冲击，因而发展中国家的老年贫困问题尤为突出。由于全球人口老龄化趋势的不可逆转，如何应对可能产生的大规模老年贫困以及如何促进贫困老年群体的"老有所养"问题，已经成为世界各国政府以及学术界的重要议题。

① 刘涛：《联邦德国的老年防贫体系：社会救助制度的动态扩展与增量扩容》，《社会保障评论》，2017 年第 4 期。
② 刘文：《人口老龄化的全球发展趋势》，《劳动经济评论》，2015 年第 1 期。

20 世纪 90 年代以来，我国的人口老龄化进程加快，65 岁及以上老年人口占总人口的比例从 1990 年的 5.57% 上升为 2000 年的 6.96%，预计到 2040 年这个比例将超过 20%。[①] 我国 65 岁以上的老年人数量不但高居世界首位，而且老年人数量以每年新增约 1000 万的速度在递增。当有人开始质疑中国是否会步 20 世纪 90 年代日本的后尘时[②]，由快速老龄化而引发的我国大规模老年贫困与养老危机问题开始凸显，则是毋庸置疑的。

由于我国长期实施的城乡分治以及改革开放以来大规模的人口迁移，不仅导致农村的人口老龄化程度高于城镇，农村老年人的贫困发生率也是城镇老年贫困发生率的三倍左右。[③] 相比城镇老年人，农村老年人普遍缺乏养老金，留守老人、失能半失能老人及失独老人的贫困比例也在逐年上升，健康状况也相对更差。根据第六次人口普查数据显示，60 岁及以上老年人口需要照料护理服务者占老年人口总量的 2.95%。其中，城镇老年人口中需要照料护理服务的比重为 2.45%，农村地区为 3.32%，农村老年人口的自理状况明显比城镇更差。[④] 根据学者研究预测，至 2050 年我国不能自理老年人口数量及比例将继续保持基本增长态势，而且从老年人口不能自理比例看，在整个预测期内农村将始终高于城镇，且二者相差的幅度呈扩大之势。[⑤] 由于经济拮据与医疗不足等原因，贫困老年人身体健康水平总体要劣于非贫困老年人，贫困老年人不能自理比例要高于非贫困老年人。"贫困老年人作为老年人中的弱势群体，其自评健康水平低的比例相当于非贫困老年人的两倍，其身体的残障比例也超出后者一倍。"[⑥]

---

① 《中国人口老龄化日趋严重》，2019-05-14，www.anyangsd.com。
② 20 世纪 90 年代，日本开始进入低增长、低通胀的时代。在过去二十多年时间当中，日本经济几乎没有任何的名义 GDP 增长。很多人认为，这很大程度上应该归咎于日本人口的老龄化。
③ 根据民政部网站相关数据统计而得。
④ 杨胜慧、林翌甲、杨诗怡：《生活不能自理老年人口的预期寿命及其城乡差异——基于"六普"数据分析》，《社会建设》，2016 年第 3 期。
⑤ 林宝：《中国不能自理老年人口的现状及趋势分析》，《人口与经济》，2015 年第 4 期。
⑥ Horizon Foundation（1999），*The Horizon Foundation launches initiative to help county senior age in place*，www.the HorizonFoundation.org/news/press/index.html.

另外，根据抽样调查，湖北省农村老年人生活状况呈现精神文化生活形式单一、慢性病高发及社会参与不足等特征，需要老龄服务的比例比城镇老年人高出 22.5 个百分点。① 可以看出，除了经济困难，农村贫困老年人的日常照料与精神慰藉问题亦成为值得关切的一个普遍社会问题，尤其是部分农村贫困老年人的长期护理更是构成这个问题的焦点和难点。

新中国的社会救助制度始建于 20 世纪 50 年代。基于当时情况，遵循城乡分治的原则，我国在农村建立了针对"三无人员"的五保制度、特困户救济和针对灾民的救灾救济，在城市则建立了广泛就业与矫治性救助相结合的救助体系。改革开放以来，随着城乡经济体制改革的推进，以农村集体经济保障和城镇单位保障为基础的原有社会保障体系逐渐瓦解，为了适应新形势，国家对城乡社会保障体系进行了一系列改革。经过二十多年的发展，到目前为止，我国已经基本形成了以城乡最低生活保障制度为主体，以灾害救助、医疗救助和住房救助等专项救助为配套、以临时生活救助为补充、与慈善事业相衔接的现代社会救助体系。现代社会救助体系在保障城乡困难群体的基本生活、维护社会稳定等方面发挥了重要作用。然而，与农村贫困老年人的需求相比，当前的农村老年社会救助实践中仍然存在着诸如供给总量不足、供给结构不合理等问题。② 在农村家庭养老功能日益弱化的社会背景下，农村贫困老年人的"老有所养"问题实在堪忧。

2020 年后，我国将进入后扶贫时代。随着有劳动能力的青壮年群体的基本脱贫，老年人、病残者将构成后扶贫时代农村社会的最主要贫困人群。随着人口老龄化程度的不断加深，农村老年贫困人口的规模和比例将

---

① 王建楷、赵琛徽主编：《湖北省第四次城乡老年人生活状况抽样调查数据分析》，武汉大学出版社 2016 年版，第 7-15 页。

② 曹清华：《老年社会救助的兜底保障问题研究》，《河南师范大学学报（哲学社会科学版）》，2016 年第 3 期。

很可能持续上升，如何解决可能是世界上规模最为庞大的农村贫困老年群体的"老有所养"问题，既考验着我国政府的治理智慧，也需要学术界对此进行深入研究。

（二）研究的意义

1. 理论意义

本研究以农村老年社会救助的供给与需求作为分析框架，以农村老年社会救助制度的需求表达机制、资金筹集机制、对象界定机制、待遇供给机制以及管理运行机制为研究对象，从国际、国内两方面考察农村老年社会救助机制的历史演变与现实状况，并以"老有所养"与老年社会救助的供需平衡作为理论基础，提出优化我国农村老年社会救助机制的路径，为完善我国老年社会救助制度提供有益参考；通过综合运用历史学、管理学、人口学和公共产品理论拓展研究空间，以弥补对农村基本养老保障研究的不足，丰富现有的研究成果，并为促进城乡老年社会救助的一体化提供理论依据和实践素材。

2. 实践意义

本研究的目的在于为改善农村贫困老年人的养老状况提供应用对策，因此本研究的实践意义如下：一是把农村老年社会救助的制度机制建设作为研究对象，意在引起政府和社会对农村贫困老年人基本养老权益的重视；二是提出农村老年社会救助各项制度机制的优化路径，要求农村老年社会救助制度从供给侧进行改革，这有助于改善农村老年救助供给的质量与数量，有利于缓和家庭矛盾、减少社会冲突、促进社会融合；三是目前我国整个社会对老龄问题的研究还处在起步阶段，针对老年社会救助问题的研究不仅能为政府制定相关政策提供科学依据，同时也对发展老龄产业、养老服务业大有助益。

二、文献综述

人口老龄化快速发展的背景下，我国的老年人贫困及其养老问题开始凸显，农村尤甚。因而，农村的老年社会救助问题引起国内外研究者高度关注，相关研究主要围绕以下几个方面展开：

（一）农村老年贫困的规模与特征研究

从现有资料来看，国内学术界对农村老年贫困规模与特征的研究，主要基于大规模的相关社会抽样调查及其数据资料，相关研究结果亦反映出了农村社会对老年社会救助的需求规模及其特征。

1. 农村老年贫困的规模研究

在多种因素的影响下，我国农村的老年贫困发生率高企。Chen 等（2018）基于国家统计局抽样调查数据的测算结果显示，2015 年我国农村老年人的收入贫困发生率是 10.4%（当年全国农村的收入贫困发生率是 6.4%），消费贫困发生率则高达 23%。农村老年人的收入贫困发生率和消费贫困发生率，均高于其他两个弱势群体即农村妇女（6.3%、9.1%）和农村儿童（7.9%、10.9%）。[①] 农村老年人的贫困发生率不但高于其他农村弱势群体，也大大高于城镇老年人。据统计，35.88% 的农村老年人收入不足 1.9 美元/天；按照 2300 元/年农村的扶贫标准，有约 35% 农村老人总收入低于这一标准。虽然我国大部分老年人都参与了基本养老保险制度，但实际养老金的待遇城乡差异巨大，农村养老金水平很低。约

---

①　Chen, K., G. Wu, X. He, J. Bi, and Z. Wang (2018), *From Rural to Rural Urban Integration in China: Identifying NewVision and Key Areas for Post-2020 Poverty Reduction Strategy*. International Food Policy Research Institute, http://ebrary.ifpri.org/cdm/ref/collection/p15738coll2/id/133049.

50%的农村老年人养老金低于 60 元，农村老年人难以依靠基础养老金生活。尽管农村老年人口仍在工作的比例高于城市，但农村户口的老年人贫困率依然高于城市户口的老年人。① 还有学者根据城镇最低生活保障数据，无论是采用城镇最低生活保障线还是采用世界银行的"1 天 2 美元"作为城镇贫困线标准，所估算的城镇老年贫困人口的规模均在 300 万人左右（汇率换算后的标准）；而采用农村贫困线、农村最低生活保障线以及世界银行的"1 天 1 美元"的标准，所测得的中国农村老年贫困人口的规模均在 1400 万人以上。该研究表明，农村老年贫困状况相比城镇要严峻许多。② 虽然各项研究所测得的农村老年贫困规模结果可能有所不同，但多年前诸多学者的研究结果都表明，农村老年贫困人口的发生率与规模明显高于一般人群。例如，王宁等利用在黑龙江、甘肃、四川和湖北四省农村进行的实地调查数据，按照不同的方法对农村老年贫困人口的状况进行了估计。结果显示，无论以哪一种标准衡量，农村老年贫困家庭的比例都大大高于全部被调查家庭的平均贫困比例；并认为，农村养老保障制度不健全、保障水平低，是农村老年人口致贫的主要原因之一。③

2. 农村老年贫困的特征研究

从贫困的内涵来看，贫困是一个多维概念，不仅仅指经济方面的贫困，还包括健康、社会参与及精神状态等方面的贫困，经济贫困往往是其他类型的贫困之源。收入是衡量贫困最重要且具有可比性的指标之一，如何构建恰当的测量指标对老年人贫困进行全方位综合的测量将是未来的研究方向。④ 乔晓春等指出，从贫困的人口学特征来看，农村老年人贫困的

---

① 中国人民大学老年学研究所：《中国老年社会追踪调查》（研究报告），2016 年 3 月 7 日，http://news.ruc.edu.cn/archives/126534。
② 杨立雄：《中国老年贫困人口规模》，《人口研究》，2011 年第 4 期。
③ 王宁、庄亚儿：《中国农村老年贫困与养老保障》，《西北人口》，2004 年第 2 期。
④ 朱晓、范文婷：《中国老年人收入贫困状况及其影响因素研究——基于 2014 年中国老年社会追踪调查》，《北京社会科学》，2017 年第 1 期。

比例高于城市老年人贫困的比例；高龄老年人的贫困比例高于低龄老人贫困的比例；受教育程度低的老年人，遭受贫困的风险明显高于受教育程度高的老年人；女性贫困人口大大多于男性。① 吴香雪认为，农村老人面临严重的经济贫困与精神贫困，表现为温饱缺乏保障、健康状况差、居住条件简陋、无人照料问题突出、经济依赖性强、脱贫困难、心理和精神压力大等。② 高翔、王三秀基于2011~2012年中国老年健康影响因素跟踪调查（CLHLS）的数据，发现农村贫困老年人普遍存在经济、健康以及孤独感等方面的困境。③ 基于对云南大关县六镇三乡的入户调查，严佩升发现，欠发达农村地区的贫困老年人不但基本的物质生活难以维持，合法权益亦得不到保障，遭歧视、排斥、虐待的现象时有发生，其心理与生理状况及生活自理能力堪忧。④ 研究表明，农村老年贫困表现为一种源于经济贫困的包括精神贫困、健康不佳、缺乏照料与陪伴的复合型贫困。

（二）农村贫困老年人的救助需求研究

从产品属性角度而言，农村老年社会救助属于农村公共产品。公共产品最优供给理论指出，要达到公共产品的供求平衡，就必须考虑需求者对公共产品的需求情况。与家庭幸福状况一样，老年人对生活的满意程度与其贫困状况呈负相关关系，需要日常照料的老年人贫困比例明显高于不需要日常照料的老年人。在农村，情况尤甚。⑤ 曹清华认为，基于马斯洛的需求层次理论以及老年人自身生理与心理特点，贫困老年人的需求主要是"老有所养"，由此对社会救助的需求集中在三个方面即经济供养、日常

---

① 乔晓春、张恺悌、孙陆军：《中国老年贫困人口特征分析》，《人口学刊》，2006年第4期。
② 吴香雪：《农村老年贫困人口社会救助问题研究》，《重庆工商大学学报》，2014年第6期。
③ 高翔、王三秀：《农村老年多维贫困的精准测量与影响因素分析》，《宏观质量研究》，2017年第6期。
④ 严佩升：《欠发达地区农村老年贫困现状及对策分析——基于云南大关县六镇三乡的调查》，《四川职业技术学院学报》，2013年第10期。
⑤ 乔晓春、张恺悌、孙陆军：《中国老年贫困人口特征分析》，《人口学刊》，2006年第4期。

生活照料以及精神慰藉。① 佟雪认为，贫困地区农村广大老年人的养老需求包括对物质生活的基本保障需求、对日常生活照顾的服务需求、对医疗卫生的服务需求以及对精神文化生活的需求。② 自理能力、服务需求与家庭贫困存在显著的相关性，针对农村老年贫困家庭，应优先满足其经济和健康需求，从而为精准识别老年贫困和精准帮扶贫困家庭提供支持，在此基础上，逐步改善农村老龄人口养老服务状况，提升其生活质量。③ 王蕾通过对贫困地区的农村养老需求现状进行分析得出的结论是，贫困地区农村老人的消费和医疗保健以及精神需求得不到满足，从而不能实现"老有所乐"。④ 刘阳阳指出，农村老年贫困人口主要面临缺少基本生活照料、精神贫困和遭受严重的疾病困扰的威胁，但目前的救助措施并没有很好地匹配这些需要。⑤

（三）农村老年社会救助的供给问题研究

救助需求的满足决定于有效的救助供给，但当前农村老年社会救助供给存在较大程度的供需不一致问题，主要表现在以下几个方面：第一，城乡、区域间的老年社会救助供给的总量及绩效不均衡。有基本养老金收入的农村老人不但数量十分有限，且其基本养老金给付水平也很低，只能依靠社会救助维持生活。⑥ 然而，社会存在农村老年社会救助不足与城镇老年奢华养老并存的局面，农村老年贫困的"应保尽保"可能

---

① 曹清华：《老年社会救助的兜底保障问题研究》，《河南师范大学学报（哲学社会科学版）》，2016 年第 3 期。

② 佟雪：《贫困地区农村养老服务需求若干问题》，《当代经济》，2016 年第 36 期。

③ 刘欢：《农村老人自理能力、服务需求与家庭贫困关联度分析》，《人口学刊》，2017 年第 6 期。

④ 王蕾：《贫困地区的农村养老需求分析》，《赤峰学院学报（汉文哲学社会科学版）》，2013 年第 3 期。

⑤ 刘阳阳：《农村贫困老人精准救助机制研究》，《中国集体经济》，2018 年第 36 期。

⑥ 徐月宾、张秀兰、王小波：《国际社会福利改革：对中国社会救助政策的启示》，《江苏社会科学》，2011 年第 5 期。

只是一个传说。① 何小勤指出，由于五保集中供养的财力资源供给、政策落实与监管等因素，导致不同区域五保集中供养人数和比例以及五保集中供养床位和实际入住率存在很大差距。② 黄俊辉等对中国 27 个省域的农村养老保障政策绩效进行的研究表明，我国农村养老保障政策绩效整体水平偏低，并存在显著的省域差异。③ 第二，老年社会救助措施缺乏针对性。雷璐璐等通过对重庆市石柱县土家族自治区的调研发现，为解决老年群体的生存困境，地方政府从生活保障、疾病救助、日常帮扶和公共服务等方面构建了初步的保障体系，但与农村老年群体的实际生活状况和生存发展诉求相比，措施的针对性仍然不足。④ 曹清华指出，老年贫困者在诸多方面不同于一般贫困者，现行社会救助制度没有对老年贫困者进行有针对性的分类救助。⑤ 由此社会救助往往局限于对贫困老人的现金与实物救助，却忽略了少子老龄化背景下贫困老年人巨大的服务需求，特别是忽略了对广大农村地区高龄和长期患病的老人提供针对性的救助。⑥ 第三，社会救助的门槛高、救助金标准低。发挥的作用达不到农村老年人养老的基本需求。苏保忠等基于对安徽省砀山县的实证研究，指出受诸多因素的影响，砀山县农村社会救助水平比较低，不能满足贫困老年人的需求。⑦ 仇凤仙指出，虽然在农村推行了一系列的社会保障制度，如低保、五保供

① 陈友华、苗国：《老年贫困与社会救助》，《山东社会科学》，2015 年第 7 期。
② 何小勤：《区域养老救助均等化研究——基于五保集中供养视角》，《社会主义研究》，2012 年第 1 期。
③ 黄俊辉、李放：《农村养老保障政策的绩效考察——基于 27 个省域的宏观数据》，《人口学刊》，2013 年第 1 期。
④ 雷璐璐、方付建：《农村老年群体社会帮扶与救助体系研究——以重庆石柱县土家族自治区为例》，《理论观察》，2014 年第 1 期。
⑤ 曹清华：《老年社会救助的兜底保障问题研究》，《河南师范大学学报（哲学社会科学版）》，2016 年第 3 期。
⑥ 侯学元、陈友华、沙荣胜、李大伟：《现代民政视角下的老年社会救助研究》，《社会政策研究》，2017 年第 4 期。
⑦ 苏保忠、张正河：《人口老龄化背景下农村养老的困境及其路径选择——基于安徽省砀山县的实证分析》，《改革与战略》，2008 年第 1 期。

养、大病医疗救助等，但是由于财力问题对于农村居民很难做到全面覆盖。覆盖面狭窄，这就使得部分老人被排斥于社会保障制度之外。① 王倩等通过比较分析得出，我国现行的农村低保水平偏低，现行低保标准明显不能满足贫困人群的基本需求。②

以上研究表明，当前农村老年社会救助存在比较突出的供需不匹配问题，主要表现为供给总量不足以及供给结构的不合理。

（四）农村老年社会救助的制度机制研究

农村老年社会救助领域存在的主要矛盾是，社会救助的供给与农村老年贫困人群需求之间的不匹配。社会救助供给依赖于一定的制度机制来实现，正是由于社会救助制度机制存在问题，导致当前农村老年社会救助供需不匹配的结果，因此需要进行社会救助的供给侧改革，即制度机制的改革。迄今为止，我国并没有建设独立的老年社会救助制度，老年贫困人群与其他贫困人群同受一个社会救助制度的保障。基于此，有研究者认为，应该构建独立的老年社会救助制度，并推进城乡老年社会救助的一体化建设。③ 还有的研究者在对国际社会老年社会救助实践研究的基础上，提出我国可以借鉴国际经验，建设独立的老年社会救助制度，以有效应对人口老龄化带来的大规模老年贫困问题。④

良好的制度运行机制，是有效运行和发挥制度功能的切实保障。因此，更多的学者是从如何调整改善现有制度的机制来探讨促进农村老年社会救助制度功能的问题。占美柏认为，社会救助机制中存在着功能障碍以

---

① 仇凤仙：《社会排斥与贫困：农村老人贫困问题结构性分析——以安徽省泗县大李村调查为例》，《山东农业大学学报（社会科学版）》，2011年第1期。
② 王倩、毕红霞：《我国农村低保标准的评估——基于ELES模型》，《新疆农垦经济》，2016年第9期。
③ 田甜：《浅论我国老年社会救助制度的构建》，山东大学硕士学位论文，2012年。
④ 曹清华：《老年社会救助制度：国际实践及其启示》，第五届中国社会救助研讨会优秀论文。

及制度改进问题，应以平等救助、有效救助、多元救助为原则指向，对当前的社会救助机制进行改革。① 刘传刚等指出，要使我国的社会救助机制更好地发挥作用，最重要的一点就是要完善社会救助机制中的政府责任。② 马静认为，农村社会救助存在需求表达渠道不畅通与公共决策机制不完善等问题，应建立健全社会救助需求表达机制和决策机制。③ 纪玉哲等认为，社会救助资金缺乏合理的分担与内在增长机制。④ 陈淑君⑤、曹春⑥等探究了老年社会救助筹资机制，提出可按照财力状况和社会经济发展水平实行老年救助分类筹资机制，可通过合理划分中央与地方事权、规范政府间转移支付与确立相应监督考核机制来稳定社会救助资金的内在增长机制，可通过改革优化社会救助筹资机制。王增文、邓大松分析了目前中国社会救助体系对贫困家庭的瞄准机制、实施效果等问题。⑦ 赖志杰指出，目前我国在社会救助对象的确定中存在"应保未保""保不应保""应退未退"等瞄偏现象，应建立规范有效的家庭经济状况核查机制。⑧ 刘畅等认为，应从救助标准制定和标准执行两个层面入手，来完善社会救助的对象瞄准与待遇确定机制。⑨ 徐月宾等主张发展老年分类救助、完善救助水平调节机制。⑩ 孙霓认为，应从多元化角度构建农村社会救助管理

① 占美柏：《论社会救助机制之功能障碍与制度改进》，《岭南学刊》，2007 年第 7 期。
② 刘传刚、王学珍：《社会救助机制中政府责任的完善》，《法制与社会》，2009 年第 36 期。
③ 马静：《中国农村社会救助制度的顶层设计》，《学术月刊》，2013 年第 4 期。
④ 纪玉哲、吴知音：《社会救助制度的财政保障问题研究》，《财政问题研究》，2013 年第 5 期。
⑤ 陈淑君：《人口老龄化背景下的黑龙江农村养老救助体系研究》，《黑龙江社会科学》，2009 年第 3 期。
⑥ 曹春：《社会保障筹资改革国际比较及对我国的启示》，《经济研究参考》，2013 年第 36 期。
⑦ 王增文、邓大松：《倾向度匹配、救助依赖与瞄准机制——基于社会救助制度实施效应的经验分析》，《公共管理学报》，2012 年第 2 期。
⑧ 赖志杰：《"瞄偏"与"纠偏"：社会救助对象的确定——以最低生活保障制度为例》，《理论探索》，2013 年第 2 期。
⑨ 刘畅、刘晨晖：《低收入群体救助瞄准机制研究——基于辽宁省社会调查的实证分析》，《财政研究》，2011 年第 6 期。
⑩ 徐月宾、张秀兰、王小波：《国际社会福利改革：对中国社会救助政策的启示》，《江苏社会科学》，2011 年第 5 期。

运行机制。① 何小勤关注各专项老年救助服务机制的构建与完善，注重设计与完善城乡最低生活保障一体化的运行机制。② 吴敏探讨了专业化养老服务机制问题。③ 丁建定④、唐钧⑤阐述了老年社会救助与其他养老保障制度的衔接转换机制问题，建议整合新农保制度和农村五保制度，重视农村基本养老金与低保救助金的衔接。江治强认为，政府救助责任的有限性与救助需求的无限性之间的矛盾使慈善救助与社会救助具有相衔接的内在逻辑基础。推动慈善救助与社会救助在功能、资源、信息、主体、行动上实现有效衔接，需要根据引导和激励的原则，建立和完善相关的政策措施。⑥

（五）国外的相关研究

1601 年英国政府颁布《伊丽莎白济贫法》，此举标志着人类社会政府开始承担起对老年贫困的法定救助责任。随着全球人口结构的老龄化以及老年贫困救助问题的凸显，当前国外有关农村老年社会救助研究呈现以下特点：

多从权利公平视角探讨制度政策的必要性。在 2011 年的世界公正日，联合国提出"人人均享最低标准社会保护"的建设目标，并指出多项研究已经表明，全球负担得起社会保护最低标准。基于此，研究者一致认可要加大对老年人、妇女、儿童及残疾者等弱势群体的关注与保障力度。

---

① 孙霓：《我国多元化的农村社会救助机制研究》，北京交通大学硕士学位论文，2009 年。
② 何小勤：《区域养老救助均等化研究——基于五保集中供养视角》，《社会主义研究》，2012 年第 1 期。
③ 吴敏：《基于需求与供给视角的机构养老服务发展现状研究》，山东大学博士学位论文，2011 年。
④ 丁建定：《新农保与农村其他社会保障制度之间的关系》，《中国社会报》，2010-5-25。
⑤ 唐钧：《关于社会保险与社会救助的衔接》，《中国社会保障》，2012 年第 1 期。
⑥ 江治强：《慈善救助与社会救助的衔接机制建设》，《行政管理改革》，2015 年第 5 期。

把老年人作为特殊专门救助对象进行研究。研究者普遍认为老年贫困人口比一般贫困人口更弱势，对其救助政策应有所区别。一项针对 OECD 国家老年贫困的研究表明，以老年人收入低于家庭人均可支配收入中位数的 50%划定贫困线，2014 年 OECD 成员国家老年贫困的平均发生率为 12.5%，显著高于一般人口的贫困发生率。[①] 老年人因健康状况较差而需要更多的医疗支出，陷入贫困的概率更高。[②] 而且，有研究者认为贫困往往有一张"老年的、女性的面孔"，女性老年人的贫困发生率以及贫困规模远远高于男性老年人，并且，丧偶女性老年人的贫困发生率高于非丧偶女性老年人。[③] 一项对日本老年贫困的研究亦表明，老年贫困发生率大大高于其他年龄组人群贫困发生率，其中女性老年人群的贫困发生率亦显著高于男性老年人群的贫困发生率。[④] 还有研究者指出，老年社会救助制度政策会对受助者行为诸如婚姻及居住行为产生影响。[⑤]

注重对老年社会救助供需的研究。有研究者指出，人口老龄化及老年女性比重较高增加了老年贫困的概率，从而增加了对相关制度政策的需求。[⑥] 健康状况与贫困有着十分密切的关系。[⑦] 由于健康与护理问题的突出，国际社会对老年社会救助供需的研究多集中在老年护理救助。Kinney 发现美国被调查的 65 岁以上老人中，20%的老人需要日常生活照料，

---

① OECD. *Pensions at a Glance* 2017：*OECD and G20 Indicators*. OECD Publishing, Paris, 2017：131–136.

② Zimmer Z. *Poverty, Wealth inequality and health among older adults in rural Cambodia*. Social Science and Medicine, 2008, 66 (1)：57–71.

③ Stephan K., Tobias L., Felix P. *A feminization of vulnerability? Female headship, poverty and vulnerability in Thailand and Vietnam*. World Development, 2015, 71 (1)：36–53.

④ 丁英顺：《日本老年贫困现状及应对措施》，《日本问题研究》，2017 年第 4 期。

⑤ Dora L. Costa. *A house of her own：old age assistance and the living arrangements of older nonmarried women*. Journal of Public Economics, 1999, 72 (1)：39–59.

⑥ 柳如眉、柳清瑞：《人口老龄化、老年贫困与养老保障——基于德国的数据与经验》，《人口与经济》，2016 年第 2 期。

⑦ Carr, Dara, *Improving the Health of the World's Poorest People*, Health Bulletin, Population, 2004.

20%的老人在辅助性日常生活活动中存在自理方面的困难。① Moroney 将应供给的老年照护服务分为两种：一是工具性服务，如家政服务、医疗保健服务等；二是认知情感性服务，如心理辅导、情感支持等。② Meinow 等指出，低收入老人缺乏足够的经济收入去支付照护服务，从而抑制了老年人长期照护服务的有效需求。③ Pillermer 等认为，社会机制提供的家务协助不仅为失能老人带来了方便与实惠，同时也减轻了照护人员的负担。④

从国际比较角度探讨农村养老保障问题。世界银行对拉美、亚洲及非洲三大地区农村社会保障制度包括养老保障制度的现状、特征、政策效果、未来发展趋势进行了详尽分析。⑤ 国际劳工局比较了世界各国城乡老年社会救助的理念、技术措施、构成和水平。⑥ 还有一些学者对农村养老保障的模式、方式或者其中的政府责任进行了国际比较与分析。⑦⑧⑨⑩

在制度建设方面，Richard H. 等指出，中国农村养老金替代率很低，预计未来还会降低，可能发生大面积的老年贫困，中国应通过改革为农村

---

① Kinney J. M. *Home Care and Care Giving*, James E Encyclopedia of Gerontology. San Diego：Academic Press，1996（1）：667-678.

② Moroney Robert M. *Caring and competent caregivers*. Georgia：The University of Georgia Press，1998.

③ Meinow B.，Kareholt I.，Lagergren M. *According to Need? Predicting the Amount of Municipal Home Help Allocated to Elderly Recipients in An Urban Area of Sweden*. Health and Social Care in the Community，2005（13）：366-377.

④ Pillermer Karl，Macadam M.，Wolf R S. *Services to Families with Dependent Elders*. Journal of Aging & Social Policy，1989（1）：67-88.

⑤ World Bank. *Balancing Protection and Opportunity：A Strategy for Social Protection in Transition Economies*. Washington，D. C.：World Bank，2000.

⑥ 国际劳工局：《全球养老保障——改革与发展》，杨燕绥等译，中国劳动社会保障出版社2002 年版，第 84-113 页。

⑦ 胡豹、卫新：《农村养老保障模式的国际比较与经验借鉴》，《农村经济》，2005 年第10 期。

⑧ 马明：《农村养老模式的国际比较及其借鉴》，《华东经济管理》，2014 年第 5 期。

⑨ 郑军、朱甜甜：《农村养老保障制度中政府责任差异的国际比较及启示》，《重庆工商大学学报》，2014 年第 2 期。

⑩ 牛志勇：《农村养老保障方式的国际比较与借鉴》，《经济研究导刊》，2014 年第 1 期。

老年人提供更多保障。① 除了专门针对老年人的社会救助制度之外，提供分类救助项目尤其是"护理救助"可以为防止老年人滑入贫困陷阱发挥重要作用。② 在改革政府责任方面，研究者普遍认为政府负有主要的老年社会救助责任，但新自由主义者、新左派与"第三条道路"人士对政府的作用程度与方式看法存在较大差异，因此在改革的理念及内容等方面有所差异。另外，诸多研究者倡导以积极老龄化理念建设老年社会保障制度。③④⑤⑥

总的来说，上述研究在理论基础和研究思路方面为本研究提供了启发性的帮助。另外，唐任伍、郑功成、郑秉文、杨燕绥、马骏、林闽钢等专家的研究成果也给予本研究诸多有益启示。但由于发展阶段不同，国外尤其发达国家对农村老年社会救助的主要研究特点与国内的不同。国内有关农村老年社会救助问题的文献常常散见于一般的社会救助制度研究之中，缺乏一定的专门性与系统性；对农村基本养老保障的研究，绝大多数学者聚焦于基本养老保险制度（"新农保"或城乡居民养老保险制度），而没有将农村老年社会救助制度作为促进城乡老年社会保障一体化的一部分来研究两者之间的互动关系，更没有为此专门探讨农村老年社会救助制度机制建设问题。

---

① Word Bank. China-Pension System Reform，http：//documents. worldbank. org/curated/en/148581468748753740/China-Pension-system-reform，2010.

② 刘涛：《联邦德国的老年防贫体系：社会救助制度的动态扩展与增量扩容》，《社会保障评论》，2017 年第 4 期。

③ Hinrichs K，Aleksrowicz P. *Reforming European pension systems for active ageing.* International Social Science Journal，2010，58（190）：585-599.

④ Lim J Y.，*Retire or rehire：learning from the Singapore story*，Springer Netherlands，2013（19）：241-251.

⑤ Yong V，Minagawa Y，Saito Y. *Policy and program measures for successful aging in Japan.* Successful Aging，2015：81-97.

⑥ Zacher H，Griffin B. *Work, Aging, and retirement in Australia：Introduction to the special Issue.* Work Aging & Retirement，2015，1（2）：129-132.

三、研究的基本思路与主要内容

20 世纪 70 年代以来的全球人口老龄化及其趋势的不可逆转，使得老年贫困问题逐渐成为各国政府必须应对的且相当棘手的社会问题。发达国家曾经在治理老年贫困、建设完善的老年社会救助制度方面积累了丰富的经验，但 21 世纪以来老年贫困问题不断加深，于是发达国家政府不得不根据新的致贫因素及贫困者需求进一步调整其老年社会救助政策及措施；发展中国家的老年贫困往往是绝对贫困，因此发展中国家的救助政策与措施主要用于解决老年人的经济贫困问题，一些发展中国家在这方面的制度机制建设亦颇具特色。总之，由于在国民经济水平及人口老龄化发展阶段等方面的差异性，发达国家与发展中国家应对老年贫困的改革措施及其中的老年社会救助制度机制改革途径，亦是各有特点。

目前，我国既身处发达国家普遍遭遇的人口老龄化困境，又呈现出发展中国家的经济发展水平问题；不只是"未富先老"，由于 21 世纪以来少子高龄化趋势的进一步发展，我国还存在未富快老、农村老年人口规模巨大、农村老年空巢等严峻问题，这些问题均是导致我国的农村老年贫困治理成为全球最为艰巨任务之一的重要因素。因此，应该在了解当前农村老年社会救助需求及发展趋势和农村老年社会救助供给现状、存在的问题及成因的基础上，探寻我国老年社会救助的历史规律以及国际社会老年社会救助制度机制建设经验，并基于以上分析来调整优化我国的农村老年社会救助制度机制，从而切实解决大规模农村贫困老年人的"老有所养"问题。图 0-1 则是对以上研究思路的框架呈现。

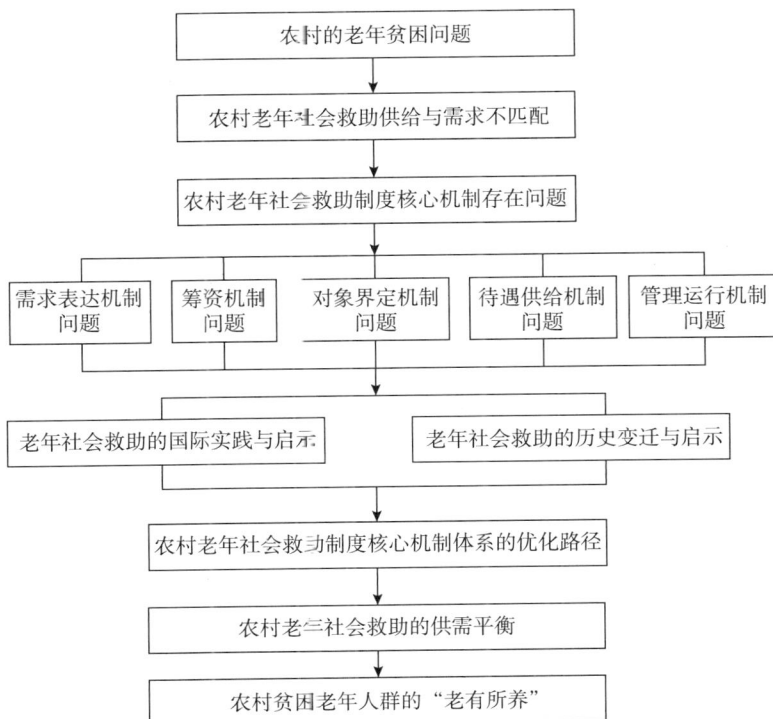

图 0-1 农村老年贫困救助机制研究思路与框架

基于上述研究思路，确立了本书的主要研究内容。除绪论外，主要研究内容可分为七章。第一章界定了贫困、老年贫困、农村老年社会救助、农村老年社会救助机制等几个相关概念，之后，介绍了贫困生命周期理论、"新三农"问题理论、"老有所养"思想、公共产品理论以及利益相关者理论等理论基础。第二章回顾了我国农村老年社会救助机制的历史变迁，分为先秦时期、封建时期以及民国时期共三个阶段进行介绍，并从中分析总结我国农村老年社会救助机制历史演变的规律及现代启示。第三章梳理了我国农村老年社会救助机制在当代的发展与现状，在此基础上对农村老年救助机制中现存的问题及成因进行了分析。第四章是对农村老年社会救助供求状况抽样调查设计与结果的描述，包括对需求主体问卷调查与深度访谈的设计与调查结果、对供给主体问卷调查与深度访谈的设计与调查结果。第五章是对农村老年社会救助供求状况抽样调查结果的分析，涉及农村贫困老年人口生活状况及需求特征的分析、农村老年社会救助供给机制存在的问题及其成因分析。第六章是在描述国际社会农村老年社会救助机制实践的基础上，通过比较分析为我国优化农村老年社会救助机制提供经验借鉴。第七章是在前几章分析研究的基础上，提出适合我国农村老年社会救助机制优化的政策建议。

四、研究方法与资料来源

本研究立足于实践考察与规范研究，以农村老年社会救助制度的供给与需求作为分析框架，首先提出老年社会救助合理机制的内涵与重要意义，然后从需求表达机制、资金筹集机制、对象界定机制、待遇供给机制以及管理运行机制等五方面分析目前我国农村老年社会救助供给的核心机制所存在的问题，最后在考察国内外农村老年社会救助机制发展实践基础上，提出我国农村老年社会救助机制的优化路径。

在具体研究中，主要采用以下研究方法：

（1）定量研究与定性研究相结合的方法。从科学可取的角度对变量进行筛选，运用统计软件工具对文献数据进行聚类分析与相关分析等，以评估农村老年贫困人群的生活状况及其需求特征。在农村老年社会救助制度分析、合理机制体系设计等方面主要采取定性分析方法。

（2）比较分析研究法。主要涉及历史比较分析与国际比较分析。历史比较分析，即从历史学角度介绍老年社会救助机制演变历史、在不同历史阶段对社会发展的影响，并从中研究分析老年社会救助机制演变的规律及现代启示；国际比较分析研究法，是从中国的具体国情出发，对国外文献进行比较分析研究，从世界范围内探寻农村老年社会救助的合理机制和一般规律，为优化我国农村老年社会救助机制提供借鉴。

（3）社会调查法。包括问卷调查法与入户深度访谈法。即对农村老年社会救助供给主体与需求主体的问卷调查与深度访谈。本研究选取典型农村地区贫困老年人及其家人、社会救助相关工作人员如村委会干部以及乡镇政府、县政府等基层组织的民政人员等进行问卷调查与深度访谈，以形成对农村老年社会救助需求与供给状况深入且直观的把握。

五、本研究的特色与创新之处

（1）在研究视角上，将历史学、管理学、人口学、社会学和公共产品理论有机结合起来，把合理机制作为农村老年社会救助制度的内生变量考虑，为改善农村老年社会救助制度效果与提高基本养老保障均等化程度提供跨学科研究的思路。

（2）在研究内容上，首次将老年社会救助合理机制作为一个完整的概念和体系提出，同时为农村老年社会救助机制优化的政策实践提供一套完整的理论分析框架和路径方元。

（3）在研究方法上，有机整合相关定量数据与定性数据，先定量分析再定性分析，可更好地把握定量研究发现的特点的潜在机制，从而为制定农村老年社会救助合理机制政策提供科学的参考依据。

第一章 农村老年社会救助的相关概念与理论基础

20世纪90年代以来，我国的人口老龄化进程加快，预计65岁及以上的老年人口占总人口比例，将由1990年的5.57%上升到2050年的27%左右。与迅速发展的人口老龄化相伴而来的，是来势汹汹的大规模老年贫困问题，其中以农村老年贫困问题最为突出，农村地区对老年社会救助的需要也更为迫切。下文在界定农村老年社会救助相关概念的基础上，分析探讨完善老年社会救助机制尤其农村老年社会救助机制的理论基础。

一、农村老年社会救助相关概念的界定与辨析

（一）"贫困"与"老年贫困"

"贫困"是一个历史概念。由于人们对贫困现象认识的不断深化，"贫困"也就成了一个不断演化着的概念。从19世纪末英国的朗特里（Towntree）和布什开创了理论和实证相结合的贫困问题研究领域以来，不计其数的专家学者从不同的角度给"贫困"下了不同的定义。但总体而言，这些定义可以划分为两类，一类是从贫困的"表现形式"角度进行定义，另一类是从"致贫原因"角度来进行概括。

从"表现形式"角度界定的"贫困"：这种界定可以概括为"缺乏说"，贫困的表现形式范围从单纯的经济困难到无所不包的社会、精神和人文的"缺乏"。如英国学者 Rowntree 认为，如果一个家庭的总收入不足以维持家庭人口最基本的生存活动要求，那么，这个家庭就基本上陷入了贫困之中。[①] Oppenheim 观察贫困的视角更广，他界定贫困是指物质上的、社会上的和情感上的匮乏。它意味着在食物、保暖和衣着方面的开支要低于平均水平。[②] 联合国开发计划署则从更广泛意义上的人文匮乏角度定义贫困概念，认为贫困是缺乏最基本的个人发展机会和选择权，它包括拥有长久而健康的生命，保持体面的生活标准，享有正当的自由、尊严、自尊以及其他方面。

从"致贫原因"角度界定的"贫困"：这是从探讨导致贫困的深层原因中来获得"贫困"的定义，分析的原因从社会机会的被剥夺、主流社会的排斥、个人素质能力的缺乏、地位低下所引致的锁定效应到制度实施的社会后果，等等。例如 Oppenheim 从"机会被剥夺"角度云界定贫困，指出贫困夺取了人们建立未来大厦的工具，它悄悄地夺取了人们享有生命不受疾病侵害、有体面教育、有安全住宅和长时间退休生涯的机会。[②] EEC（欧共体，欧盟的前身）认为"贫困"应该被理解为个人家庭和人的群体的资源（物质的、文化的和社会的）如此有限以致他们被排除在他们所在成员国的可以接受的最低限度的生活方式之外。[④] 世界银行将贫困定义为缺少达到最低生活水准的能力。[⑤] 结构主义的观点则认为，个人之所以沦为贫困，并不是个人因素或文化因素的影响，而是整个社会与经

---

① Rowntree S., *Poverty: A study of town life*, Lodon: Macmillan, 1901.

②③ Oppenheim C., *Poverty: the Facts*. Child Poverty Action Group, 1993.

④ EEC, *The Institution of an Official Poverty Line and Economics Policy*. Welfare state program paper series, 1993.

⑤ 程淑兰编著：《世界银行发展报告 20 年回顾：1978—1997》，中国经济出版社 1999 年版，第 133 页。

济建构的结果。也就是说，贫困是社会制度的后果。

"绝对贫困"与"相对贫困"的划分：在贫困问题被人类广泛关注并研究的初期，人们倾向于从"生计维持"角度来确认贫困。生计维持指的是维持生命健康和工作能量的最低食物需求，也就是维持生存和生理效率的最低食物需求。从"生计维持"角度确认的贫困即"绝对贫困"。与绝对贫困相对应，"相对贫困"指的是在一个国家社会的特定阶段，按照该国或社会的习俗，一些人与社会中的另外一些人在经济状况和文化、政治制度等多方面资源的占有与利用之间存在较大差距。"相对贫困"概念的提出，促使人们开始脱离仅仅从"生计维持"的角度看待贫困问题的狭隘眼界。随着人类生存需要内容的不断扩展，从吃穿到医疗、教育、住房甚至社会娱乐都被纳入基本生活条件范围。从此，贫困成了与人类社会不断发展相伴随的也许永远也不可能完全消除的社会现象。

本研究所采纳的"老年贫困"定义：从贫困的表现形式来看，人文贫困的划分对中国有相当的解释力，反映了中国目前贫困人群在收入、健康、受教育与公民权利等多方面综合的贫困状态。例如权利贫困方面，在我国的一些贫困地区，人们普遍缺乏社区民主参与权、社区信息知情权与表达个人意愿的公民权，相当多的贫困人口还缺乏受教育机会、就业机会、迁移与流动机会，许多老年人遭受到各种社会歧视。从贫困的产生原因来说，我国贫困的产生既有个人因素，也有社会因素，但社会因素是主要的。因此，国家与政府有义务通过国民再收入对贫困者给予生活保障和利益补偿。不过由于目前我国综合国力还不是很强，还难以如发达国家般致力于解决相对贫困问题，但考虑到贫困的恶性循环与代际传递特性，应在给贫困者提供最低生活水平的同时，提供教育、医疗、社会参与等多方面的一定程度的平等机会，加强他们与社会的整合程度。

本研究考察的是"老年贫困"，老年贫困与其他人群的贫困特点不同，因为老年群体与经济社会发展基本处于"脱域"状态，老年贫困者的核心需求集中于"养老","发展"则是一部分低龄健康老年人的需求。因此本研究所界定的"老年贫困"即为一种不能凭借自身与家庭的力量获得足够养老资源的状态。在这个"老年贫困"定义基础上，本研究将以社会制度机制层面为切入点，对我国农村老年社会救助制度机制的运行状况进行探讨，分析现有机制的成绩与不足，并提出进一步优化的路径建议。

（二）农村老年社会救助

农村老年社会救助，顾名思义就是对农村贫困老年人口实施的社会救助。为了解决老年贫困问题，我国采取了一系列措施如经济增长、制度变革、区域开发、精准扶贫、老年福利、养老保险和社会救助等帮助老年贫困者脱贫、提高老年贫困者生活水平。在这些反老年贫困政策中，社会救助是为老年贫困者设计的最后一道"安全网"的兜底式政策，也就是说，老年社会救助是一种"补缺型"反贫困政策，为那些通过其他政策仍不能脱贫的老年人提供最后的养老救助。由于我国农村老年贫困问题较之城镇贫困问题要更为严重，农村地区对老年社会救助的需求尤为迫切，农村老年社会救助问题更值得关注。

（三）农村老年社会救助机制

"机制"是一个极易与"制度""体制"等概念相混淆的概念。"制度"一般是指要求大家共同遵守的办事规程或行为准则，如财务制度、工作制度等；"体制"即是有关组织形式的制度，如经济体制、政治体制等；"机制"则是指制度化了的方法，喻指事物内部各部分的运行机理即相互关系。例如，监督机制，不仅指人人应当遵守的监督制度，而且还应该包括各种监督的方法和手段。基于以上分析，农村老年社会救助机制即是指涉及农村老年社会救助的制度、方法和手段。根据农村老年社会救助

·25·

制度的运行实践，其核心机制体系包括需求表达机制、资金筹集机制、对象界定机制、待遇给付机制、管理运行机制及衔接转换机制，这些机制的优化是实现农村老年社会救助制度功能的有力保障。

二、农村老年社会救助的理论基础

马克斯·韦伯曾在其《新教伦理与资本主义》中指出："任何一项事业的背后，必须存在一种无形的精神力量。"老年贫困群体与其他贫困群体相比，在对社会救助的需求上有其特殊之处，尤其在后工业化时代。中国社会的"老有所养"思想、"新三农"问题理论和西方的贫困生命周期理论、公共产品理论以及利益相关者理论为实施以及如何实施农村老年社会救助提供了精神力量与理论支撑。

（一）贫困生命周期理论

贫困生命周期理论来自于贫困研究的先驱英国学者朗特里（Rowntree，1901），该理论根据人们需求与供给的相对状况，把人的一生划分为五个阶段，即儿童期、青年期、初为父母期、壮年期和老年期，其中儿童期、初为父母期以及老年期是生命周期中贫困风险最高的三个阶段，因此该理论认为个体在生命周期内的贫困风险呈 W 型曲线变动，如图1-1所示。贫困生命周期理论的另一个重要观点是，老年贫困源于个体层面的老年生理特征，随着晚年生理机能的衰退、生产性功能下降，老年人收入会不断下降，加上相伴而来的各种疾病风险的增加以及可预期的负面生活事件如丧偶等，这些因素都是导致老年人陷入贫困的促动力，总而言之老年群体的贫困发生率往往高于其他人群。

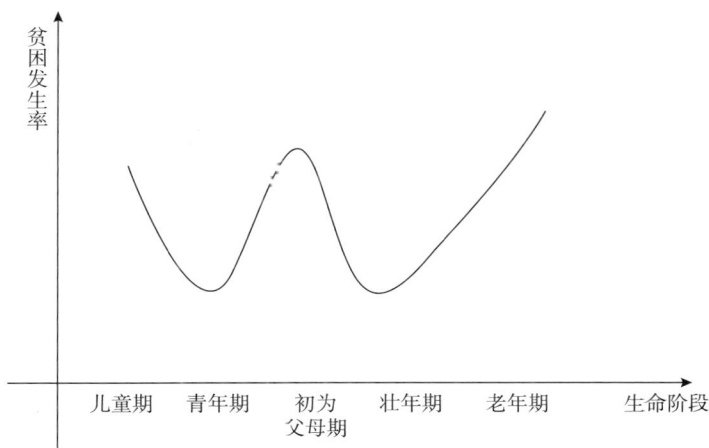

图 1-1　贫困生命周期理论

人口年龄结构的老龄化以及后工业时代的社会结构变迁进一步提高了老年贫困的风险。在过去的半个世纪里，虽然全球各地区经历了不同的人口年龄结构变迁，但世界整体的老年抚养比呈稳步缓慢上升态势，经济水平发达地区以及中国尤其明显。人口年龄结构的变迁及持续的低生育率所引发的人口老龄化深刻地改变了社会结构，并同时引发了社会老年抚养比的变化，基本养老金替代率在人口年龄结构演变的冲击下不断下滑，使得老年人收入无法得到充足保障。另外，后工业社会的变迁尤其是工作方式的变迁终结了传统的长时间全职工作及不间断缴纳社会保险费的标准工作方式，微型化、临时化、灵活化的工作方式不断侵蚀着传统社会养老保险模式的基础，工作生涯的碎片化、片段化导致了养老金核算的碎片化以及养老金替代率的下滑，养老金水平的不断下降导致老年贫困率的不断上升。①

---

① 刘涛：《联邦德国老年防贫体系：社会救助制度的动态扩展及增量扩容》，《社会保障评论》，2017 年第 2 期。

(二)"新三农"问题理论

改革开放以来,我国在工业化和城镇化建设中取得了举世瞩目的成就。但是,在城镇人口迅速增加和农村人口持续减少的背景下,我国农村发展陷入了诸多困境之中,这些发展困境集中体现在"新三农"问题的出现。"新三农"问题,即农村空心化问题、农业边缘化问题以及农民老龄化问题。农村空心化,是指在城镇化过程中因农村人口迁移而衍生出的乡村聚落空废化和住宅空心化等一系列现象的统称;农业边缘化,是指由于农业对国民经济的贡献度持续下降,导致农业在国民经济中地位的边缘化;农民老龄化,是指农村总人口中老龄人口占比越来越高的现象。2016年的国家统计数据显示,我国农村地区老年人口总抚养比高达 45.38%,农村家庭的养老负担十分沉重。

"新三农"问题与"老三农"问题①的根本区别在于前者不是从农业来的,已经与农业自身没有多大关系了,而是与当今的工业化、城市化高度相关。由于快速发展的工业化、城镇化,农村中有文化的青壮年劳动力大规模流向城市工作,造成农村人口在年龄结构上的极不合理分布、农业在经济发展中的地位不断地被边缘化以及大规模老年农民的养老困境问题。"新三农"问题引致了"新三农"问题理论的诞生,该理论的核心内容是真正让工业反哺农业、把优秀的劳动力资源和生产力要素汇聚到农村、创造伟大的新农业发展变革、提高农业在国民经济体系中的地位以真正实现农村繁荣与农民幸福。"新三农"问题理论的提出,充分体现了"农业、农村、农民"问题的复杂性以及新时代的应对策略,同时也生动反映了农村老龄化程度高于城镇的现状,并深刻揭示了农村老年贫困发生率大大高于城镇的根本原因。

---

① "老三农"问题,即农村土地制度问题、农产品价格问题以及农民税费负担问题。

（三）"老有所养"与老年社会救助

老有所养，原出自《礼记·礼运》："大道之行也，天下为公。……使老有所终，……鳏、寡、孤、独、废、疾者皆有所养。"[1] 孟子在见梁惠王时说："鸡豚狗彘之畜，无失其时，七十者可以食肉矣。谨庠序之教，申之以孝悌之义，颁白者不负戴于道路矣。"[2] 七十岁有肉吃、须发花白的老人不用亲自劳作，这就是两千多年前孟子关于"老有所养"的梦想。然而在农耕社会，由于经济社会发展水平低下，对于老年人即使是最基本的经济供养也难以实现。随着现代经济社会的发展和科技的发达以及对老年人权益的日益关注和重视，"老有所养"的内涵丰富起来，更加注重除经济供养以外的其他养老需求的满足。按照马斯洛的需求层次理论，人的需求可分成生理需求、安全需求、爱和归属感、尊重和自我实现五类，并由低到高依次递进。随着这些需求的依次满足，人的满足感和幸福感就会随之提高。由于个体生理、心理及社会经济特征的不同，五类需求的具体表现形态和满足程度会有所不同。相较于其他年龄段人群，老年人的特点决定其需求满足集中在"老有所养"上，并依次表现为三个层次的养老需求，即经济供养、日常生活照料与精神慰藉。

随着现代各国人口老龄化及家庭结构核心化的不断推进，老年贫困及空巢问题的不断加深，老年人的收入支持、精神慰藉及日常生活照料问题日益突出，成为现代"老有所养"的核心问题，亦构成新时代"老有所养"的核心内涵，即每位老年人都能够从家庭、社会或政府获得足够的"经济保障、精神慰藉以及日常生活照料"方面的满足。对老年人的经济保障意味着老年人能获得保证基本生活水平的收入支持，是老有所养的物质基础；精神慰藉主要是指老年人能够获得他人和社会的人格尊重、情感

---

[1]　［元］陈澔注、金晓东校点：《礼记》，上海古籍出版社 2016 年版，第 248 页。
[2]　赵清文译注：《孟子》，华夏出版社 2017 年版，第 6 页。

支持与心理慰藉，是老有所养的重要内容；日常生活照料需求是基于老年人年龄的增长及生活自理能力下降而产生的需求，它是"老有所养"的服务形式。

在传统文化影响依然鲜明的当代，老年人"老有所养"的质量与其获得的养老支持来源有很大关系。费孝通的差序格局理论指出，人以"己"为中心，形成亲疏远近的社会序列关系。① 因此，自己、家庭、朋友邻里及政府支持对老年人"老有所养"质量的影响作用依次递减。不过随着我国工业化的推进与社会高龄少子化趋势的发展以及老年人口的不断增加，老年人口能从家庭、亲朋处获得的支持将呈减少趋势，对政府及社会支持的需求将随之不断增大，贫困老年人口尤其如此。在此，贫困老年人口即是指不能凭借自身和家庭的力量获得足够养老保障的老年人群：他们不但面临着因经济贫困导致的生存困难，还往往经受着由于经济贫困而导致的家庭不和睦以及自身健康状况不佳等问题，由此他们需要日常生活照料与缺乏精神慰藉的比例也明显高于非贫困状态下的老年人口。

习近平主席指出，我们要让所有老年人"老有所养、老有所依、老有所依、老有所乐、老有所安"。要想让所有贫困老年人也同样"老有所养、老有所乐、老有所安"，须有赖于政府及社会的支持。老年社会救助制度即是一项为老年贫困人群构筑的社会安全支持系统，为不能从自己、家庭以及其他养老保障制度和市场获得足够收入和支持的老年人群提供兜底性保障。所谓"老年社会救助提供兜底性保障"有三层含义：一是指老年社会救助制度作为国家养老保障安全体系的基石，是国家及社会为老年人所构筑的社会安全网中的"最后一道防线"。二是在保障水平方面，该制度所提供的是最基本水平的保障。相对于基本养老保险、老年福利等所提供的较高水平保障，老年社会救助提供的是最基本水平保障即最低水

---

① 费孝通：《乡土中国》，北京大学出版社 2009 年版，第 26-30 页。

平保障，这与贫困线的划定相关。三是在保障内容方面，老年社会救助制度所提供的是综合性救助，不仅给予贫困老年人经济援助，还包括提供基本的日常生活照料及精神慰藉需求等方面的满足。[①]

（四）公共产品理论

公共产品理论肇始于对政府职能与公共财政等"公共性"问题的探讨。继大卫·休谟提出"草地排水"问题后，亚当·斯密对公共产品和私人物品进行了区分并对政府职能作出经典界定；之后有德国社会学派、瑞典学派和凯恩斯主义学派的财政理论，这些理论多从政府财政职能、政府与市场边界的角度，提出公共产品理论与思想；20世纪50年代，新古典综合派的萨缪尔森（Paul A. Samuelson）正式提出了现代公共产品理论，此后马斯格雷夫等经济学家对公共产品的供给及运行机制进行了系列研究；从20世纪80年代开始，开始了以"效率至上"为目标的新公共管理改革，公共产品理论的实践转向了管理与制度创新，试图通过创新来提高政府公共财政和公共产品供给的效率。

现代公共产品理论主要涉及两大部分，一是公共产品的分类。萨缪尔森完成了对纯粹的公共产品的经典定义，他指出公共产品具有非排他性和非竞争性的特征，每一个人对这种产品的消费并不减少任何他人对这种产品的消费。后来桑得莫（A. Sandom）从消费技术角度研究了混合产品，提出了"准公共产品"概念，界定"准公共产品"即具有有限的非竞争性或有限的非排他性的公共产品，它介于纯公共产品和私人产品之间。若按产品受益范围的大小，公共产品还有空间的区分，可将其分为地方性公共产品、全国性公共产品以及国际性公共产品，其中地方性公共产品是指地方居民能从中均等受益的公共产品。社会救助是一项基本人权，任何社

---

① 曹清华：《老年社会救助制度的兜底保障问题研究》，《河南师范大学学报》，2016年第3期。

会成员如果陷入生活困境，无法维持最低生活水平，均有权要求国家按照法定的程序和标准向其提供一定的物质帮助和社会服务，因此其具有非排他性；另外，由于社会救助的受益范围和待遇水平是国家法律政策已经规定了且公共财政予以保障的，因此增加一个此类消费者不会减少任何一个人对该类产品的消费数量和质量，因此其具有非竞争性。基于此，本书认为（农村老年）社会救助是一种具有非排他性和非竞争性的地方性公共产品。

现代公共产品理论涉及的另一个重大部分是公共产品的供给问题，包括应该将多少社会资源配置到公共产品上面、如何分担政府成本、以何种方式实施公共产品的供给、如何分配公共产品利益、以上问题由谁来决策、政府（各部门）在公共产品供给中的作用或者担任何种角色等问题。社会救助是一项基本人权，因此社会资源对其配置应实行与经济发展水平相适应的"按需分配"原则；老年社会救助属于地方性公共产品，地方承办、中央资助有助于该产品的有效供给：由地方政府提供能够更加合理地考虑当地居民的需求，从而使救助更有效率；中央政府承担一部分责任则有利于宏观调控，因此必须明确中央与地方在事务与财责方面的科学划分，否则易产生缺位与越位之问题。大多数国家老年社会救助制度的设计与运行正好体现了这一点：地方政府负责承办社会救助事务，中央政府负责老年社会救助制度的规划、设计与监督并承担部分资金支出责任，另外社会救助基金还有一部分来源于国际国内的社会捐助。由此可见，在老年社会救助的供给中，中央与地方政府的主体参与，是为了实现该公共产品的帕累托最优供给。

政府财政的职能之一是收入分配，运用财政手段来调节国民收入和社会财富，使之能够达到公平分配的状态。因此，政府提供公共产品，应该基于均等化的分配目标，使民众能够均等享受公共资源。老年社会救助作为一种公共产品，关乎每一位贫困老年人的生存和生活，社会救助均等化是每一位老年贫困者公平享有基本社会保障资源的前提，政府则是基本社会保障均等化的供给基础与责任主体，不仅要在制度层面给予民众平等参与基本社会保障的机会，还应通过公共财政的支持与调节，从实践层面使民众逐步获得均等化的基本社会保障待遇。

（五）利益相关者理论

利益相关者理论发端于 18 世纪末，后经过 SRI、Ansoff、Freeman、Margaret 等机构和学者的研究而日趋成熟。[1] 该理论强调，要实现任何组织系统的行为目标，必须综合协调和管理各相关利益主体的利益诉求，并使他们拥有一定的责任义务来促进组织系统目标的实现，因此利益相关者的定位是"共同治理"。[2] 1984 年，美国学者弗里曼（Freeman）在其书《战略管理：利益相关者管理的分析方法》中给出了"利益相关者"的经典定义，即"能够影响一个组织目标的实现，或者受到一个组织实现其目标过程影响的所有个体和群体"。[3]

根据弗里曼的定义，农村老年社会救助系统存在诸多利益相关主体。按照资金紧密度和利益影响程度，农村老年社会救助利益相关者可划分为两类：一是主要利益相关者，即与救助资金和服务有着密切的直接利益关系的部门、群体或个人，如中央政府、地方政府，各级政府领导下的民政、财政、发改委、司法等部门以及老年贫困人口；二是次要利益相关者，即与农村老年社会救助运行有间接关系的机构与群体（个人），包括参与农村老年救助资金、实物与服务供给的企业、社会组织、金融机构、

---

① 沈费云、刘祖云：《农村环境善治的逻辑重塑——基于利益相关者理论的分析》，《中国人口·资源与环境》，2016 年第 5 期。

② 吴蓉：《特色小镇建设中城郊农村女性就业保障探究——基于利益相关者理论》，《湖北农业科学》，2018 年第 9 期。

③ Freeman, R. Edward. *Strategic Management: A Stakeholder Approach.* Pitman Publishing Inc, 1984.

新闻媒体等。

虽然农村老年社会救助供给是以政府为主要责任主体、其他多元主体参与的公共产品协同供给，但公共产品各供给主体之间存在不同的供给利益，可能会因彼此利益间的不协调而直接导致公共产品供给的效率低下。因此，在运行农村老年社会救助时要综合考虑和处理各利益相关者间的相关性和差异性，改善并平衡多元利益相关者间的关系，提高农村老年社会救助运行机制的效率。

综上所述，贫困生命周期理论、"新三农"问题理论、"老有所养"思想、公共产品理论以及利益相关者理论既为实施农村老年社会救助提供了理论支撑，又对优化农村老年社会救助机制具有重要指导意义。农村老年社会救助工作涉及的部门众多，民政部门、其他政府职能部门以及社会组织等都具有"理性经济人"特性，因此救助工作容易出现多头管理、各自为政的状态，从而导致社会救助制度运行机制效率的低下。所以，可将以上理论作为理论基础与指导依据，更好地优化农村老年社会救助制度机制，从而改善农村老年群体的贫困问题与"老有所养"问题。

三、优化农村老年社会救助机制的必要性

农村老年社会救助的机制优化，即是对农村老年社会救助制度的核心机制体系包括农村贫困老年人需求表达机制、救助资金筹集机制、对象界定机制、待遇供给机制以及管理运行机制的合理化构建。机制优化的目标在于提高救助供给效率，助力农村贫困老年人实现"老有所养"。当前国家基本公共服务均等化战略以及乡村振兴战略的强力推进构成农村老年社会救助机制优化设计得以实现的有利背景，顺应时势优化农村老年社会救助机制、提高救助效果，将有利于缓解农村家庭养老压力，提高农村反老

年贫困效率，促进城乡老年社会救助的一体化。

（一）有利于缓解家庭养老压力、促进代际和睦

截至 2018 年末，我国 60 岁及以上老年人口数接近 2.5 亿，占总人口比例为 17.9%，65 岁及以上老年人口占总人口比例达 11.9%，老龄化率比 2016 年上升 1.2 个百分点。据前瞻预计，2021～2050 年将是我国人口加速老龄化时期，到 2050 年 60 岁及以上老年人口总量将高达 4 亿，人口老龄化水平将超过 30%。现代化是推动人口年龄结构转变的最主要因素，生育率的迅速下降与人口预期寿命的显著上升使得家庭规模与结构呈现小型化和高龄少子化特征。受家庭规模与结构向现代转变的影响，家庭的养老功能日渐式微。在传统的多子女家庭中，子代的人数往往大大超过父辈的人数，从而呈现金字塔型的家庭结构，这种家庭结构在养老方面具有明显的优势：众多子女可以分担对父母的赡养责任，包括对父母的经济支持、生活照护以及精神慰藉。由于曾经的计划生育政策以及现代人婚育观念的转变，现代社会每个家庭往往只育有一两个孩子，因此家庭养老负担特别沉重。尤其是"4-2-1"结构的独生子女家庭。独生子女曾经是集万千宠爱于一身的一代人，享受来自于父辈祖辈的宠爱，但到了而立之年就开始面临"父母渐老、孩子还小"的现状，"不敢病，不敢死，不敢远嫁，特别想赚钱，因为父母只有我"是众多独生子女生存压力与养老压力巨大的真实写照。

相较于城镇，农村家庭尤其农村贫困家庭的养老负担尤为沉重。一是农村空心化与空巢化加剧了老龄化背景下的家庭养老困境。据相关统计数据显示，截至 2018 年底，我国进城务工的农民总量接近 2.9 亿人，其中 75% 以上的农民工将父母留在了老家农村。二是农村夫妇"二孩"生育意愿相对城镇较高，近年国家"二孩"政策放开使得农村家庭资源分配的重心更加下移。三是城镇化背景下土地的养老功能在减弱。随着大量青

壮年劳动力流入城镇，农村留下的多是老弱劳动力，虽然他们大多继续耕种土地，但土地的生产率可想而知。此外，有些地方虽然搞土地流转，但不少地方的土地流转并不顺畅，农村老年人能从土地流转中获得的经济补偿有限。[①] 以上的诸多因素使得农村家庭子女的养老压力巨大，子女想要尽孝也显得力不从心。尤其是贫困家庭子女，由于忙于生计、自顾不暇，更遑论对于父母的支持和照顾了。但是，如果老年人的养老问题得不到有效解决，不但会引起代际冲突，亦会构成对社会和谐稳定的威胁。因此，政府应该切实负担起对农村孤寡老人、贫困老人的兜底保障责任。

（二）有利于提高农村反老年贫困功效

我国已经于 2000 年前后进入老龄社会。与已经进入老龄化的发达国家比较，我国进入老龄社会有三大特征：一是速度快，欧美国家从成年型社会到老龄社会经历了上百年时间，而我国仅用不到三十年；二是数量大，我国现有老龄人口占亚洲老龄人口的 50% 左右，是欧洲国家老龄人口的总和；三是未富先老，欧美国家是在人均 GDP 5000~10000 美元时进入老龄社会的，而我国则是在人均 GDP 1000 美元时就提前迈入老龄社会的门槛。老龄化的迅速发展给经济社会发展带来严峻挑战，同时由于农村经济社会发展滞后，加上农村老龄人口基数庞大，"未富先老" 所带来的农村老年贫困问题尤为突出。

首先，农村老年贫困人口规模相比城镇更加庞大。根据第六次人口普查数据，农村 60 岁及以上人口占全国老年人口的 57.13%。农村地区把最低生活保障金作为主要生活来源的 60 岁及以上人口数量占农村老年人口的 4.5%，而城市中把最低生活保障金作为主要生活来源的 60 岁及以上人口数量占城市老年人口比例为 2.3%。如果把以最低生活保障金作为主要

---

① 郭林：《农村养老服务如何补齐短板》，2019 年 4 月 23 日，中国劳动保障新闻网 http://www.clssn.com/html1/report/21/3769-1.htm。

生活来源作为衡量老年贫困的标准，则农村老年贫困规模比例是城市的近 2 倍。

其次，农村老年贫困人口的精神贫困等问题更加突出。经济贫困往往是带来贫困老年人其他养老困境的根源，例如精神孤寂、缺乏日常生活照料和社会参与等。[①] 根据乔晓春等的研究，贫困家庭不和睦的比例明显高于非贫困家庭，相应的贫困老年人的生活满意度和幸福感较之非贫困老年人更低。另外，由于在身体保健、看病就医方面投入的缺乏，加上精神慰藉不足，贫困老年人的健康状况也整体低于非贫困老年人。[②] 农村老年贫困人群由于其经济收入相比城市贫困老年人群更加缺乏，其生活状况更加令人担忧，他们的健康状况糟糕、家庭不和睦比例高、空巢独居等问题突出。例如第六次人口普查数据显示，农村地区身体不健康但能自理的老年人数占其老年人总数的 16.9%，城市该比例为 8.3%；农村地区生活不能自理的老年人占其老年人总数的 3.3%，城市该比例为 2.3%。

随着脱贫攻坚的深入推进，我国农村有劳动能力的贫困人口基本上依靠产业扶贫等方式实现了脱贫，然而由于年老体衰、缺乏劳动能力等原因，其他贫困人群的脱贫方式并不适合多数农村贫困老年人口的脱贫。众多研究者建议，实施诸如适当提高农村基础养老金的补助标准，将农村家庭养老纳入法治化轨道、强化对农村家庭养老和社区服务的引导与扶持，以及加大农村社会救助对老年贫困人口的覆盖和倾斜等综合措施来逐步解决严峻的农村老年贫困问题。在这些反贫困措施中，老年社会救助制度是贫困老年人群可以依靠的最后途径。我国社会救助制度经历了从"补缺型"到"普遍福利型"的转变，对解除老年贫困不幸者的生存危机以及促进其基本发展起到了关键性作用。然而，这一制度在发展过程中仍存在

① 曹清华：《老年社会救助制度的兜底保障问题研究》，《河南师范大学学报（哲社版）》，2016 年第 3 期。
② 乔晓春、张凯悌、孙陆军：《中国老年贫困人口特征分析》，《人口学刊》，2006 年第 4 期。

一些关键性问题，诸如碎片化严重、制度内外不协调、城乡发展不均等、救助供需不平衡等，亟须优化制度的系列核心机制以有效发挥制度的反贫困功效。

（三）有利于促进城乡老年救助的一体化

基本公共服务均等化是当今世界大多数国家社会发展的基本特征，它对建设更加公正、更具包容性和更公平的社会至关重要。基于此，2011年联合国提倡"人人均享基本社会服务"理念并力促在全球的推行。我国国务院于 2012 年印发了《国家基本公共服务体系"十二五"（2011—2015）规划》的通知，阐明国家基本公共服务的制度安排包括基本范围、国家标准和工作重点。2018 年 12 月，中共中央办公厅、国务院办公厅印发了《关于建立健全基本公共服务标准体系的指导意见》，提出到 2035年基本实现基本公共服务均等化的目标。基本养老保障（包括老年社会救助）是基本公共服务的重要内容，与其他基本公共服务均等化一样，基本养老保障（包括老年社会救助）均等化要求全体国民享有大致均等的基本养老救助权利与待遇。

2011 年以来，按照国家基本公共服务体系规划的要求，我国积极推进基本养老保障（包括老年社会救助）的均等化并取得较大进展。然而迄今为止，老年社会救助的均等化工作仍面临着城乡间差距较大的问题，主要表现在最低生活保障补助金与养老服务方面的城乡一体化不足。如表1-1 所示，虽然部分地区的城乡最低生活保障补助金标准很接近甚至没有差距[①]，但全国还有很多地区的城乡标准差距较大，比较典型的如西藏自治区和贵州省，城市标准分别是农村标准的 2.6 倍和 1.8 倍。城乡标准差距过大，会给农村贫困者造成明显的不公平感和相对被剥夺感。

---

① 基于城乡间可能存在生活成本差异的考虑，将城乡低保标准完全统一并不一定是科学合理的。

表1-1 城乡最低生活保障补助金标准比较

单位：元/年

地区	城市	农村	城乡差额
西藏自治区	9399.6	3627.1	-5772.5
贵州省	6834.0	3814.5	-3019.5
河北省	7076.4	4191.0	-2885.4
广西壮族自治区	6216.0	3341.0	-2875.0
云南省	6200.4	3347.8	-2852.6
江西省	6873.6	4080.6	-2793.0
黑龙江省	6618.0	3858.9	-2759.1
陕西省	6410.4	3767.8	-2642.6
宁夏回族自治区	6441.6	3814.4	-2627.2
辽宁省	6795.6	4353.8	-2441.8
内蒙古自治区	7354.8	5133.1	-2221.7
河南省	5674.8	3456.2	-2218.6
四川省	5845.2	3778.9	-2066.3
湖北省	6840.0	4774.0	-2066.0
吉林省	5800.8	3739.5	-2061.3
青海省	5407.2	3393.1	-2014.1
山东省	6176.4	4189.3	-1987.1
山西省	5691.6	3727.7	-1963.9
安徽省	6423.6	4508.1	-1915.5
甘肃省	5675.0	3869.0	-1807.0
广东省	8149.2	6368.6	-1780.6
重庆市	6000.0	4287.7	-1712.3
湖南省	5392.8	3741.4	-1651.4
海南省	5829.6	4340.0	-1489.6
新疆维吾尔自治区	4969.2	3584.8	-1384.4
福建省	7225.2	5942.7	-1282.5
江苏省	7771.2	7198.5	-572.7
浙江省	8763.6	8543.9	-219.7

地区	城市	农村	城乡差额
北京市	12000.0	12000.0	0.00
上海市	11640.0	11640.0	0.00
天津市	10320.0	10320.0	0.00

注：该表数据为 2018 年第一季度的相关统计数据。
资料来源：中国民政统计数据。

除了经济支持外，日常生活照料与精神慰藉也是贫困老年人"老有所养"的核心需求，这些需求满足依赖于完备的养老服务体系的供给。然而与城镇相比，农村贫困老年人不仅从国家获得的基本保障收入低，而且养老服务方面的供给也相对更少。由于缺乏政策支持和资金来源，农村地区尤其是贫困地区的养老服务基础设施建设薄弱，有的地方有牌子无组织机构，没有实质服务内容可以提供。农村邻里互助养老机制发展也相对缓慢，存在覆盖水平低、专业服务人员非常有限等困境。

党的十九大报告指出，我国社会主要矛盾已经转化为人民日益增长的美好生活需要与不平衡不充分的发展之间的矛盾，这表明着力解决发展差距、增强社会公平性，已经成为社会共识。如前所述，目前国家在降低城乡间老年社会救助差距方面还有一段较长的道路要走，伴随着社会对公平问题的关注与追求，农村老年社会救助机制优化具备了切实推进的生态环境，不仅能有效削减农村老年经济贫困，还有利于进一步缩小城乡贫困老年收入差距，提高基本养老服务的均等化水平。

四、小结

本章从概念上分别对贫困、老年贫困、农村老年社会救助及其运行机制进行了界定，明确了本书研究的"老年贫困"是一种从养老需求角度进行界定的概念，由此老年社会救助是一种对贫困老年人群给予经济保障、日常生活照料以及精神慰藉的综合性养老保障。农村老年社会救助则是针对农村老年贫困者所给予的救助，用以保障其老年生活、缓解其贫困现状；在老年社会救助的运行过程中，逐渐形成了以需求表达机制、资金筹集机制、对象确定机制、待遇供给机制及管理运行机制"五位一体"的内部运行机制和与其他养老保障制度协作运行的外部衔接机制。促进改善内外运行机制之间统一协调、整体运行的关系，是优化农村老年社会救助机制长效发展的必要条件。

此外，本章还对农村老年社会救助机制进行了理论分析。贫困生命周期理论、"新三农"问题理论、"老有所养"思想、公共产品理论和利益相关者理论为农村老年社会救助机制优化研究奠定了理论基础：贫困生命周期理论指出老年阶段是人一生中最容易陷入贫困的三大阶段之一；"新三农"理论反映和揭示了农村老年贫困严峻于城市的现状与原因；"老有所养"思想认为任何人在年老后都有从国家、社会、家庭获得足够养老资源的需求和权利；公共产品理论为政府因何向贫困老年人群提供社会救助提供了理论支持；利益相关者理论则指出要优化农村老年社会救助机制、提高救助效果，必须充分考虑和处理各利益主体之间的相关性和差异性，改善、平衡利益主体之间的关系。

第二章　农村老年社会救助的历史变迁

  历史蕴含着经验、规律与真知，"鉴前世之兴衰，考当今之得失"。历史的巨大作用正如古希腊历史学家波里比阿所说的，历史之特殊功用在于能使人明白某种政策或政见的成败原因。美国当代历史学家、汉学家费正清认为，虽然现代科学技术的发展与应用，能使一切国家在现代化方面达成某种程度上的共识，但每个国家的人们必定也是依据他们自己承袭下来的文化传统、价值观以及制度等，以他们自己的方式来对待现代化的。中国作为世界上唯一一个延续五千年文明且未曾中断的国家，在对待历史传统与现代化关系上，尤其应尽量利用其历史传统。① 随着历史的发展，父权制和孝文化的出现与结合形成了我国传统社会的家族本位式制度形态与文化模式，在家族本位制度与文化的指引下，我国从先秦时期开始就逐步形成了社会尊老敬老、以家庭养老为基础、国家收养鳏寡孤独、宗族乡里互助互济的养老和助老制度，并延续数千年。到民国时期，随着西学东渐、西法东传，我国传统的养老和助老制度开始了其近代化过程。可以看出，在尊老、养老和助老方面，我国有着深厚的文化传统与丰富的历史实践，这些文化传统及其丰富实践能够为我国现代农村老年社会救助机制的优化提供思想渊源及诸多的启示。

---

  ① ［美］费正清：《中国：传统与变迁》，张沛、张源、顾思兼译，吉林出版集团 2013 年版，第 10 页。

一、先秦时期的农村老年社会救助

先秦时期即秦朝建立之前的历史时代，是指旧石器时代至战国时代，经历了夏、商、西周、春秋、战国等历史阶段。著名学者黄摩崖先生曾将先秦时期比作中华文明的头颅，因为在这近 2000 年的历史中中国祖先创造了光辉灿烂的历史文明。先秦时期也是我国传统社会救助思想的萌芽和初步形成时期，这个时期的社会救助思想和实践尤其有关老年人社会救助的思想和实践对后世社会救助制度有着深远的影响。先秦时期的大同思想、民本思想、孝道思想以及人道主义都为老年社会救助制度的形成和发展奠定了深刻的理论基础。在这些思想的影响下，先秦社会对老人的社会救助政策和实践也很丰富，在促进当时社会发展和文明进步的同时，也对后世历朝历代实施贫困老年人救助提供了深厚的思想源泉和实践启示。

（一） 制定了比较完整、系统的老年社会救助制度

先秦时期，统治者已经制定了比较完整、系统的老年社会救助制度，主要表现在以下两方面：

1. 设置专门的官职体系来负责和管理贫困老年人救助事务

据史书记载，尧、舜、禹时期我国就已设置了负责社会救助事务或以社会救助事务为主的职能机构，例如《尚书·尧典》记载尧曾以"司徒"之职试之以舜，当时司徒之职主管教化，还涉及孝敬老人和社会救助事务。《周礼》是先秦文献中对社会保障制度论述比较完备的一部经典著作，书中提出要设立专门的官职体系来负责管理贫困老年人救助事务。《周礼·地官·司徒》中指出，分管社会救助事务的是"大司徒"一职，在大司徒之下再设官职具体负责对老人、幼儿等社会弱势群体的救助工

作，例如设小司徒协助大司徒具体负责社会救助事宜："掌建邦之教法，以稽国中及四郊、都鄙之夫家九比之数，以辨其贵贱、老幼、废疾，凡征役之施舍与其祭祀、饮食、丧纪之禁令。"① 又如司徒的属官"乡师"，也参与对贫困人口和弱势群体的社会救助工作："以国比之法，以时稽其夫家众寡，辨其老幼、贵贱、废疾、马牛之物，辨其可任者与其施舍者。"② 另外还有司民也负责社会救助事宜，如《周礼·周语上》有云"司民协孤终"，其中"协"即协助之意，"孤"即无父之儿童，"终"是死亡者之意思，即司民要把这些情况登记于册，并呈给上级和天子看。

在地方行政组织体系方面，《周礼》的设计是"乡"和"遂"制度。在天子和诸侯的直属领地内即都城和近郊地区划分若干乡，长官为乡大夫，乡下设有州、党、族、闾、比等各级组织，均参与社会救助工作，并规定了由下向上逐级上报的制度；在郊外农村地区设"遂"，长官为遂大夫，各遂设有"遂人"一职，"以岁时登其夫家之众寡及其六畜、车辇，辨其老幼、废疾与其施舍者"，③ 遂人负责对老幼废疾等人的调查、统计与上报工作。遂下设县、鄙、酂、里、邻等基层组织，这些基层的官吏也都有负责查明所管辖区域内的鳏寡孤独疾、老幼等人员情况并参与救助工作。④

《管子·轻重甲》中记载了管仲与齐桓公关于治国理政的诸多对话，其中也涉及了为何以及如何给贫民予救济的论述。桓公曰："何谓致天下之民？"管子对曰："请使州有一掌，里有积五窌，民无以与正籍者予之长假，死而不葬者予之长度。饥者得食，寒者得衣，死者得葬，不资者得振，则天下之归我者若流水，此之谓致天下之民。故圣人善用非其有，使

---

① 吕友仁、李正辉译注：《周礼》，中州古籍出版社 2010 年版，第 112 页。
② 吕友仁、李正辉译注：《周礼》，中州古籍出版社 2010 年版，第 116 页。
③ 吕友仁、李正辉译注：《周礼》，中州古籍出版社 2010 年版，第 153 页。
④ 王轶群：《先秦时期老人社会救助思想探析》，华中师范大学硕士学位论文，2012 年。

非其人，动言摇辞，万民可得而亲。"① 可以看出，管仲主张在每个州设一个主管社会救助的官吏，在每个州里储备五窖存粮以给穷困者实施支援，并认为统治者如此施政方能使万民亲近。

2. 设置专项经费为老年社会救助提供资金支持

先秦时期的政府不但设置专门的部门和官职来负责社会救助事务，还提供稳定的、专项的社会救助经费。据《周礼》记载，社会救助经费的主要来源是国家财政，国家财政收入主要包括王畿之内的直接收入"九赋"和各诸侯国所贡纳的"九贡"。《周礼·天官·冢宰》中记载："以九赋敛财贿""以九贡致邦国之用""以九式均节财用"，指出当时政府财政收入主要是"九赋"和"九贡"，而财政支出主要是"九式"。"以九式均节财用：一曰祭祀之式、二曰宾客之式、三曰丧荒之式、四曰羞服之式、五曰工事之式、六曰币帛之式、七曰刍秣之式、八曰匪颁之式、九曰好用之式。"② 其中的"丧荒之式"即是中央政府对社会救助的财政支出项目。《周礼·地官·小司徒》中记载大司徒的属官"遗人"的事务之一是"门关之委积，以养老孤"，意思是遗人负责收取门关出入的所得税以供周王施恩赏赐，剩余部分作为救助老年人及孤儿所需的经费。可以看出，制度明确了贫困老年人救助的资金来源于政府提供的专门财政支持。

《管子》也把社会救助列入国家财政支出的重要内容，例如《管子·轻重甲》中提出："君出四十倍之粟，以振孤寡、收贫病、视独老。穷而无子者，靡得相鬻而养之，勿使赴于沟浍之中。"③ 管仲认为国君可以拿出涨价四十倍的粮食来赈济孤儿寡妇、收养贫病者和照顾穷而无子的孤

① ［唐］房玄龄注、［明］刘绩补注、刘晓艺校点：《管子》，上海古籍出版社2015年版，第450页。
② 吕友仁、李正辉译注：《周礼》，中州古籍出版社2010年版，第32页。
③ ［唐］房玄龄注、［明］刘绩补注、刘晓艺校点：《管子》，上海古籍出版社2015年版，第451页。

老，使他们不至于卖身为奴而得到生活供养，也使他们不至于死于沟壑之中。管仲不惜从国家财政中拨出如此可观的费用用于对战争遗留的鳏寡孤独穷疾者的救助工作，充分体现出对社会救助事务的深刻认识与高度重视。

（二）采取具体措施对贫困老年人实行救助

先秦时期政府制定了比较系统的老年人社会救助制度，为推行制度而提出了很多具体的救助政策与措施，以保障社会上贫困或者孤寡老人实现"老有所养"，主要包括以下几个方面：

（1）物质援助。物质资料是人赖以生存的根本，为保障贫困老年人能够生存下来并改善其生存条件，先秦时期政府就已经开始定期为其提供粮食或其他物质资料。《礼记·王制》中记载："少而无父者谓之孤，老而无子者谓之独，老而无妻者谓之矜，老而无夫者谓之寡。此四者，夫民之穷而无告者也，皆有常饩。"① "饩"即指政府发放食物即粮食补助。前文提及，《管子·轻重甲》中也提出了抚恤贫孤老人的政策，对于为国牺牲者的家属，君主用涨价四十倍的粮食以补助其生活，收容贫困且有疾病的人，照顾和供养无依无靠的贫穷老人，使他们免于因无人照料和救济而死亡。

（2）减免徭役和赋税。随着年龄的增长，老年人身体各项机能逐渐衰退，从而部分或者完全丧失劳动能力，因此国家视情况给予老年人以相应的徭役和赋税方面的减免，以使他们安度晚年。《周礼·地官·乡大夫》中记载："国中自七尺以及六十，野自六尺以及六十有五，皆征之。其舍者，国中贵者、贤哲、能者、服公事者、老者、疾者，皆舍。"② 意思是说，国都和近郊 60 岁以下、郊外农村 65 岁以下的需要承担劳役赋

---

① ［元］陈澔注、金晓东校点：《礼记》，上海古籍出版社 2016 年版，第 165 页。
② 吕友仁、李正辉译注：《周礼》，中州古籍出版社 2010 年版，第 119 页。

税，国都中的老者等是免于劳役和赋税的。《礼记·王制》中规定"五十不从力政，六十不与服戎"①，即五十岁可以不服劳役，六十岁可以免除兵役。除了减免老年人自身的劳役与赋税，针对家中有高龄老人需要照顾的情况，政府还酌情对高龄老人家人的赋役予以免除或者减免。例如《管子·入国》中提出"九惠之教"政策，其中关于老年社会福利的构想即是："年七十以上，一子无征，三月有馈肉；八十以上，二子无征，月有馈肉；九十以上，尽家无征，日有馈肉，死，上共棺椁。"

（3）减免刑罚。老年人触犯刑律要酌情予以刑罚减免，这也是对老年人实施救助的重要措施。《周礼·秋官·司刺》中有三赦之法，即一赦曰幼弱，再赦曰老旄，三赦曰蠢愚。即对触犯法律的八岁以下儿童、八十岁以上老人和智力低下之人，除非其亲手杀人，否则都要给予赦免。②《管子·戒》篇中也提出："老弱勿刑，叁宥而后弊。"③ 即对年老体弱者不施以刑罚，即使犯罪，在宽宥三次后才能治罪。《礼记·曲礼上》中记载："八十、九十曰耄，七年曰悼，悼与耄，虽有罪，不加刑焉。"④ 意思是说，80 岁及以上的老年人和 7 岁以下的儿童，如果犯罪了也无须承担刑事责任。

（4）尊尚养老助老。"尊尚养老助老"即是从社会层面推崇养老助老的风尚，从而为推行老年社会救助制度提供和谐的社会环境，达到治理社会之目的。先秦时期政府推行"尊尚养老助老"风尚的措施比较丰富、系统：其一，从君主到群众，普遍提倡和推行"孝道"。《诗经·大雅·下武》中提出"成王之孚，下土之式，永言孝思，孝思维则"，即君主应顺应天命，孝敬老人长辈，以垂范天下百姓，促进良好社会风尚的养成。

---

① ［元］陈澔注、金晓东校点：《礼记》，上海古籍出版社 2016 年版，第 162 页。
② 汉代郑玄注："幼弱、老耄，若今律令年未满八岁、八十以上，非手杀人，他皆不坐。"
③ ［唐］房玄龄注、［明］刘绩补注、刘晓艺校点：《管子》，上海古籍出版社 2015 年版，第 187 页。
④ ［元］陈澔注、金晓东校点：《礼记》，上海古籍出版社 2016 年版，第 5 页。

孟子提出"尊亲之至，莫大乎以天下养"①、"老吾老以及人之老……"②等观点，即要求社会成员不仅要孝敬和赡养自己的父母，还要推己及人，把别人的父母也能当作自己的父母来对待。《礼记·内则》中指出："孝子之养也，乐其心，不违其志；乐其目，安其寝处，以其饮食忠养之。"③意思是孝子不仅应为老人提供基本物质所需，而且还要使老人保持心情舒畅。其二，注重学校教育，自幼培养学生尊老、敬老的思想观念和基本礼仪。其三，国家设立赐杖制度。有了这种象征特权的手杖，老人可以在家、乡、国、朝中执杖，以享受人们对其的尊重和敬仰。其四，对尊老养老助老的行为进行褒扬，对于侮老的行为加以谴责和惩罚。其五，君主以身作则，亲自救助贫困老年人并对年老者屈尊俯就。例如《礼记·祭义》中记载："天子巡守，诸侯待于竟，天子先见百年者。八十、九十者东行，西行弗敢过；西行，东行弗敢过。欲言政者，君就之可也。"④ 意思是八十、九十岁的人想要谈论政事，国君应该去拜访他。

（三）先秦时期老年社会救助的特点

先秦时期是我国传统社会救助思想与制度的萌芽和初步形成时期，其中对老年人实施养老助老的思想使老年群体成为历朝历代开明统治者重点关注的对象。为巩固社会秩序，维护国家统治，统治者们往往很重视养老助老工作的开展和实施，从而在一定程度上保证了老年人包括贫困老年人能够安度晚年。先秦时期的贫困老年人社会救助，不可避免地受到当时历史背景的深刻影响，具有以下特点：

（1）形成了较完备的老年社会救助制度。先秦时期，养老助老已经

---

① 赵清文译注：《孟子》，华夏出版社 2017 年版，第 203 页。
② 赵清文译注：《孟子》，华夏出版社 2017 年版，第 16 页。
③ ［元］陈澔注、金晓东校点：《礼记》，上海古籍出版社 2016 年版，第 324 页。
④ ［元］陈澔注、金晓东校点：《礼记》，上海古籍出版社 2016 年版，第 547–548 页。

由原始社会的氏族部落行为被逐渐改造成为广泛运用于社会生活和国家政治中的礼仪制度。《周礼》是记录周代礼制（官职和政治社会制度）最为完备的著作。据书中记载，先秦时期政府设置了专门的部门和官职来负责管理（老年）救助工作，规定了各级官员的（老年）救助职责内容，并且明确了（老年）救助资金的来源。相较而言，《管子》与《礼记》对国家社会养老助老内容的论述与记载更加丰富和全面。例如，《礼记》提出除了物质满足，还应满足老年人的精神需要。可以看出，先秦时期对老年人的社会救助已经形成了一套比较系统的制度体系，包括设有专门的职官体系、提供固定的经费来源、按照一定的内容标准和程序来对老年人实施救助等，救助工作具备了规范性和程序性等特点，标志着我国传统社会老年救助制度的初步形成。

（2）老年社会救助是对家庭养老能力不足的补充。先秦时期老年社会救助思想与制度均是在我国特有的家族本位主义基础上产生和发展起来的。"早期中国以家族为核心构建了社会生活和管理的各种制度和组织，家庭或家族成为整个社会统治的基础和枢纽，甚至政府也以家庭的形态出现（家天下）。"① 家族是社会基本生产单位和权利单位的社会存在决定了传统中国的"家族本位"。② 家族本位是由中国的自然环境和经济发展状况所决定的，而后又通过"父权制"和"孝道"获得固化并延续数千年。③ "父权制"确立了家长的家庭统治地位，"孝道"则形成家庭家族内上下辈之间各种伦理关系的基础，两者共同确立了中国古代家族本位的尊老、养老模式。而"政府、社会和家庭（族）从小培养子女对父母和家庭中长辈的尊敬态度，保证了家庭成员中对父母及其他长辈的物质与感

---

① 杨立雄：《老年福利制度研究》，人民出版社 2013 年版，第 59—60 页。
② 完颜少平：《中国古代法的"家族本位"与"国家本位"》，《现代商贸工业》，2007 年第3 期。
③ 肖金明：《老年人社会救助制度研究》，山东大学出版社 2015 年版，第 98 页。

情的完备供养"。① 因此，在古代社会老年人供养的主要责任主体是家庭和个人，只有当老年人所在的家庭养老能力不足或者完全没有养老能力时，统治者会基于民本思想和维护社会稳定的需要，而承担起对老年人的养老救助责任。除此之外，统治者也鼓励并依靠宗族的力量来实现老年贫困的互助共济。

（3）救助内容比较丰富，救助保障相对不足。先秦时期虽然是我国老年社会救助制度的萌芽和形成时期，但是其救助内容与方式却不是单一的。当时的统治者一方面对贫困老年人进行物质救助，包括发放粮食、提供衣服和住房等基本的生活资料，另一方面也注重对老年人精神层面需求的满足以使其悦享晚年。除此之外，刑罚优待、减免劳役和赋税等也属于老年社会救助的重要内容。

先秦时期的老年社会救助内容比较丰富，然而基于当时社会生产力水平低下的情况，当时老年社会救助的层次和标准是比较低的，从制度层面而言，特点是礼敬有加、救助不足。例如当时很多政策规定，要年满六十岁、七十岁甚至八十岁才能享受相应的国家救助，但正如众所周知的原因，古代社会生产力水平和医疗水平低下，人们的寿命较短，只有很低比例的人才能活到六七十岁及以上，正所谓"人生七十古来稀"。即使寿命够长、能享受到老年社会救助，贫困老年人所获得的救助水平也至多只能保障其基本生存。所以，总体而言先秦时期老年社会救助的门槛较高、保障相对不足。

二、封建时期的农村老年社会救助

封建时期是指公元前 221 年秦王朝建立至 1911 年中华民国建立的这

---

① 陶大镛主编：《社会发展史》，人民出版社 1982 年版，第 42 页。

一历史阶段，这段时期是我国传统老年社会救助制度的发展时期。在先秦时期，"父权制"和"孝道"已经奠定了家庭的养老责任主体地位，国家救助和社会互助构成对老年贫困者养老的补充机制，后续封建时期老年社会救助制度的发展并没有实质性变化。封建时期历经两千多年，朝代更迭比较频繁，受社会稳定程度和经济发展水平的影响，各朝各代对孤寡贫困老人救助的理念与特点会有所不同，但总体而言封建时期的农村老年社会救助在救助主体机构、救助理念和保障程度等方面随历史的推进而得到了逐步发展。

（一）救助主体：趋于多元化

先秦时期，老年社会救助的主体主要有国家和宗族。随着社会的发展，新的救助主体纷纷出现。例如西汉年间随着佛教传入中国，佛教寺院和僧人作为一种新的救助主体登上历史舞台；唐宋时期随着科举制的发展而崛起的士绅阶层，也成为老年社会救助活动的组织者与参与者，等等。具体而言，封建时期的老年社会救助主体主要有以下几种：

（1）政府。政府依然是老年社会救助主要的倡导者、推动者和实施主体。历朝历代的统治者一方面通过大力弘扬孝道文化来形成全社会尊老养老的风尚，从而为全社会的养老助老行为提供强大的精神文化动力；另一方面通过颁布律法建立制度以对鳏寡贫困老年人实施政府救助，历朝开国皇帝在这一方面表现得尤为明显。例如西汉吸取秦二代而亡的教训，汉高祖高度重视对弱势群体尤其孤寡高龄老人的关爱和救助。唐代李世民即位后吸取隋朝灭亡教训，实行"恤民养民"的一系列政策，其中很多涉及对鳏寡孤独废疾者的特殊照顾。唐朝在关于均田的规定中明确写道："凡给田之制有差：丁男、中男以一项，老男、笃疾、废疾以四十亩；寡妻妾以三十亩。"① 唐太宗时期还以赐物的方式给予老年者以必要的救助，颁布养老诏书表彰赏赐孝道行为等。明太祖朱元璋大力倡导对鳏寡孤独贫者的救助，洪武元年即"颁诏天下郡县置'养济院'"，"鳏寡孤独废疾不能自养者，官为存恤"。② 清政府基本上继承了明代的老年社会救助制度，但在制度建设上更推进了一步，并将制度入法。例如清乾隆四十一年编成的《钦定户部则例》里面含有《普济堂事例》《栖流所事例》和《收养孤贫事例》等则例，具体规定有关救助的制度。③

（2）宗族。宗族组织是以父系血缘关系为纽带结成的血缘共同体和生活共同体，自产生以来一直扮演着为族内成员提供福利支持包括救助的福利供给主体角色。宗族救助大致分为两种：第一种是利用宗族公产为族人提供制度化的救助，重点救助对象是鳏寡孤独废疾者；第二种是宗族内部家庭之间、族人之间的临时性自愿性救助。尊老敬老是中华民族的传统美德，宗族养老救助是传统宗族福利的重要组成部分，宗族组织会为族内鳏寡贫困老年人提供养老所需的基本生活资料。宋仁宗时期范仲淹在苏州用俸禄置田产，用收取的地租来赡养族中孤苦无依的老人。《宋史·范仲淹传》里记载："置义庄里中，以赡族人。""义庄"即宋代新出现的私人兴办的对族人进行赈恤的组织，以义田的田租收入赈济族人的生活，义庄还设有义宅供给需要之族人借居。义田多是族人自己购置的田地，家族和族人一般没有所有权，因此义庄救助属于族内成员间的自愿性互助。清朝道光十七年，苏州潘氏《松鳞庄赡族规条》中规定："凡贫老无依者，无论男女，自五十一岁为始，每月给米一斗五升，六十以上给二斗，七十以上给二斗四升，八十以上给二斗八升，九十以上给三斗。"④ 这是一种利

① ［唐］李林甫等撰、陈仲夫等点校：《唐六典》，中华书局2014年版，第753页。
② 台湾研究院历史语言研究所校勘：《明太祖实录》，上海书店1982年印制，第619页。
③ 具体内容参见《大清律例》卷四《户律·户役》"收养孤老"条及条例。
④ 转引自王卫平、黄鸿山：《中国古代传统社会保障与慈善事业——以明清时期为重点的考察》，群言出版社2004年版，第154页。

用宗族公产为族人提供的相对制度化的救助。

（3）士绅。士绅可以是退任的官僚，或是官僚的亲属，甚至可以是受过教育的地主。① 还有学者将"士绅"界定为隋唐推行科举制度以后崛起的具有影响力的知识阶层，其构成要素是知识和影响力。② 根据前人的研究与界定，笔者认为士绅包括致仕回乡官员、通过了科举考试但闲居在乡或者没有通过科举考试在乡村有一定影响的知识分子这三种人群。费孝通先生认为，从分封制到中央集权制转变的社会变革中形成的士绅阶层，利用其知识权威形成自身的影响力，成为塑造和维系城市与乡野二分结构的力量。士绅阶层也利用其"非官而近官、非民而近民"的优势，构成国家与民众沟通的桥梁。③ 因此隋唐以后中国乡村的社会救助活动，士绅在其中往往担任组织者和实施者的角色，有的甚至散发家财救助困难乡民。例如宋代理学家朱熹利用其影响力，以官府的六百石常平仓米为基础，于乾道四年创立赈济乡民的社仓，并全程参与社仓的运行。朱熹入朝为官后，把其社仓经验推广全国使之成为宋朝乡村的社会救助形式之一。

（4）富民。富民即乡村中拥有高额资产并具有一定势力者。④ 富民主要有两类人，一类是靠占有大量土地并收取大量地租收入而致富的"地主"，另一类是依靠经营手工业或小商品生产而积累了大量资产之人。概而言之，富民是乡村社会中拥有大量社会财富而没有政治特权的阶层。在封建时期的乡村社会救助活动中，也经常能看到富民的身影。富民经常参与乡村社会救助主要基于以下原因：一是与乡村士绅阶层相比，富民的社会地位和声望比较低，与其财富规模并不相匹配，参与社会救助能迅速提高他们在乡民中的社会声望和地位；二是富民资产雄厚有足够财力参与救

① 费孝通：《中国士绅：城乡关系论集》，赵旭东、秦志杰译，外语教学与研究出版社2011年版，第37页。
② 周杨波：《宋代士绅结社研究》，中华书局2008年版，第6页。
③ ［美］杜赞奇：《文化、权利与国家》，王福明译，江苏人民出版社2004年版，第158页。
④ 张文：《宋朝民间慈善活动研究》，重庆西南师范大学出版社2005年版，第230页。

助，另外他们对乡村情况比较了解，因此他们能对乡村赈济活动做出及时有效的反应；三是富民参与救助活动有时候是政府动员的结果。虽然政府很重视地方社会救助事业，但各种官办的救助机构往往由于经营管理不善或者救助审批程序时间较长等原因，而导致对乡村救助的不足。这个时候富民由于其财力雄厚，往往成为官府劝捐的对象。例如南宋绍兴元年"……诏诸路见米价踊贵，细民阙食……乃广行劝诱富家，将原粜米谷具数置历出粜"①，清康熙十八年政府倡导各地广立社仓、义仓，并"劝谕土著乡绅士民商贾，不论米谷多寡，捐输收藏"。②除了劝捐之外，为了使更多的富民参与社会救助，封建王朝还往往用赐爵、免役、优商等政策加以诱导。例如宋高宗时期有规定："粜及三千石以上之人，与守阙副尉，六千石以上进武副尉……二万以上取旨优异推恩，如已有官荫不愿补授名目，当比类行。"③

（5）宗教团体。与欧洲文明、非洲文明等比较，我国在远古时代并没有形成制度化的宗教体系，因此早期宗教救助并没有成为我国社会救助的形式之一。但自西汉年间佛教等宗教传入中国之后，宗教团体作为一种新的救助主体开始登上中国历史舞台。封建时期，对救助活动有较大影响的宗教团体有寺院僧尼、道教人士和伊斯兰教人员等，他们参与众多的救助和慈善活动，并产生了较大影响。传入我国的佛教属于大乘佛教，不重苦行而信奉"慈悲为怀、救苦救难、因果报应"，这种教义促使佛教僧尼对贫苦大众伸出援助之手。每逢灾害、饥荒之时，佛教寺院通常进行施斋、施粥等活动以赈济灾民、贫民。另外僧人们还常凭借自己的医学知识救死扶伤，"时有沙门惠怜者，自云咒水饮人，能差诸病。病人就之者，

---

① ［清］徐松辑录：《宋会要辑稿》，中华书局1957年版，第8113页。
② 陈桦：《清代减灾防灾的政策与措施》，《清史研究》，2004年第3期。
③ ［宋］章如愚撰：《山堂考索后集》，清文渊阁四库全书本，第1420页。

日有千数。"① 基于对僧人具有青规戒律的信任，有时候统治者或地方政府会委托寺院僧人负责救灾济贫事宜。例如北魏和平元年，沙门县曜奏请天下各地设僧祇户，国家收谷六十斛，备饥年之用，管理权委之于僧寺。②

除佛教外，在我国社会救助事业中扮演重要角色的还有基督教。基督教教义提倡给予、爱人如己、善待穷人等，要求富人对穷人慷慨解囊，把他们的财物分给需要帮助的穷人，"你手若有行善的力量，不可推辞，就当向那应得的人施行"。③ 不仅要在钱财物资上救济穷人，也要在审判上对穷人一视同仁、公道正义。"戏笑穷人的，是辱灭造他的主；幸灾乐祸的，必不免受罚。"④ "你当为哑巴开口，为一切孤独的伸冤，你当开口按公义判断，为困苦和穷乏的辨屈。"⑤ 在教义的指引下，基督教会与教徒开展了扶贫救灾、养老扶幼、医疗卫生等多种形式的社会救助活动。事实上基督教就是通过积极参与社会救助活动而得以在中国传播并发展的。

伊斯兰教于公元 7 世纪中叶自西亚、中东传入中国，经唐、宋、元、明、清一千多年的传播发展，已成为我国五大宗教之一。伊斯兰教社会救助思想是在《古兰经》教义及其实践基础上形成的，强调权利与义务相统一原则。例如，伊斯兰教认为通过天课、施舍、瓦克夫、免债⑥等制度或措施获得救助是穷弱者的权利，但前提是他们必须努力劳动，禁止救助因懒惰、赌博等行为造成的贫困，但对于老弱者应给予无偿救助。伊斯兰教把"孝"与崇拜真主、感谢真主相提并论，教义教规同孝道思想相结

---

① ［北齐］魏收撰：《魏书》，中华书局 2000 年版，第 398 页。
② 上海社会科学院宗教研究所、上海市宗教学会：《宗教问题探索：1984 年文集》，上海社会科学院出版社 1984 年版，第 356 页。
③ 《旧约·箴言篇》第 3 章第 27 节。
④ 《旧约·箴言篇》第 17 章第 5 节。
⑤ 《旧约·箴言篇》第 31 章第 8、9 节。
⑥ 天课制度，即向穆斯林教徒强制征收宗教税，以分给穷者；施舍，即鼓励富有者将一部分财产分配给穷者；瓦克夫制度，即财产所有者以奉献真主安拉的名义冻结财产实体，用于捐献；免债，即减免贫穷者的债务。

合，促进了伊斯兰教的养老助老事业。可以看出，佛教、基督教与伊斯兰教三者在社会救助思想和理念方面均有所不同，但殊途同归，共同促进了我国封建时期老年社会救助事业的发展。

（二）救助机构：趋于完备化

封建时期，老年人养老的主要责任主体仍然是家庭，国家主要通过推崇"孝道""存留养亲"① 等制度措施来保障老年人的家庭地位，以使老年人能够在家庭中安享晚年。成年男子是家庭养老的主要责任者，但若老年人家中没有可以依靠的成年男子来养老、孤苦无依或者身患疾病生活难以自理，这个时候就需要家庭之外的社会救助主体如政府、社会组织等的救助，很多时候政府、社会组织的救助依托于救助机构来实施。如果按设置的主体来划分，救助机构可以分为官办救助机构、民办救助机构和宗教救助机构。封建时期，随着多元化社会救助主体的出现，救助机构种类也随之完备，官办救助机构、民办救助机构与宗教救助机构纷纷出现，成为有效实施社会救助的组织载体。②

（1）官办救助机构。南朝梁王朝设置的"孤独园"为我国历史上首创的官办养老救助机构。《南朝陈会要·民政》里记载："复陈，赈恤孤独园，营恤棺椁，养高年。"③ 其中"养高年"，即救助赡养孤苦无依高龄

---

① "存留养亲"制度，是我国封建时期政府为解决犯人的父母尊长无人侍奉问题而设立的一项制度。该制度规定，徒流罪犯家若有年龄较大或患有疾病而生活难以自理的老年人但又没有其他男丁侍养者，可以暂停或免除对其刑罚的执行，使之返家侍养其亲。

② 有研究者认为，中国社会始终未曾产生独立于官或超脱于"国家"和"社会"的公共领域和公共组织（见［日］夫马进：《中国善会善堂史研究》，商务印书馆 2005 年版）。本书认为，善会、善堂等民间慈善组织在早期发展阶段是比较纯粹的独立于官方的民间组织，后来官方介入民间慈善组织管理与运营的主要原因在于加强社会管理的需要。由于地方士绅精英创办慈善组织实施慈善救助活动可以有效增强其实力和威望，很有可能形成地方割据势力，政府对此比较忌惮。因此，要维护中国政权的"大一统"就必须强化对社会的监管。不过从某种程度来说，建立在乡土社会基础之上的善堂等民间慈善组织也是民间探索和参与公共事务治理的尝试。

③ ［清］朱铭盘编撰、顾吉辰等点校：《南朝陈会要》，上海古籍出版社 2006 年版，第 277 页。

老年人，这是历代政府的惯例，但是南朝梁王朝设置"孤独园"以救助赡养孤苦无依高龄老年人，则是首创。"孤独园"，顾名思义就是收养孤儿和无子老年人的机构。"孤独园的设立，不仅是传承殷周三代尊老恤老的传统美德，而且下启了唐宋两朝的悲田养病坊、福田院等慈善机构。"①福田、悲田均为佛经用语，其中悲田即指对贫病老者的布施。唐朝佛教寺院设"悲田养病坊"以赈恤、收养鳏寡孤独废疾者，后来政府"置使专职"来统一管理悲田养病坊，悲田养病坊因此由宗教性质的社会救助组织演变为官办救助机构。宋朝在官办养老机构建设方面也有很大成就，政府先后设立了福田院、广惠仓、居养院、养济院等救助机构，其中广惠仓是一种非常时期发放救助物资的机构，其余多是收容性机构。例如养济院就是一种收养老疾贫民的救助机构，官方主办监督并委派医生，救助物资资金有政府拨付，也有民间捐献。明清时期政府继承和发展了宋元时代的养济院制度，并为保证养济院功能发挥而将制度入法。例如《大明律直解》明确了相关官员失职渎职的惩罚措施："凡鳏寡孤独及笃疾之人贫穷无亲属依倚，不能自存，所在官司应收养而不收养者，杖六十。若应给衣粮而官吏克减者，以监守自盗论。"② 除了养济院之外，清代政府还建立了诸如栖流所等救助机构以收恤老弱贫民。

（2）民间救助机构。零星的民间救助古已有之，但自隋唐开始渐具规模。封建时期有四种民间力量在老年社会救助方面发挥了重要作用：一是宗族，二是士绅，三是富民，四是社会其他人员。宗族救助的一个重要方式是设立宗族义庄，救助对象为宗族内部成员，并选择族内有威望的人管理。北宋时期范氏义庄③已经发展出了包括救助对象、救助方式、义庄运行和惩罚机制等一系列整套宗族内部救助体系，它的出现标志着义庄这

---

① 周秋光、曾桂林：《中国慈善史》，人民出版社 2006 年版，第 81 页。
② 柏桦：《明清"收养孤老"律例与社会稳定》，《西南大学学报（社科版）》，2008 年第 6 期。
③ 即北宋范仲淹所设立的义庄。

种宗族救助机构的制度化、规范化。活跃于乡村社会中的救助机构还有很多，如社仓、社邑、善会、善堂等。社仓往往由本地士绅或富民出资兴办和管理，主要功能是服务于乡村社会救助的备荒救灾与扶贫济困，如著名的朱子社仓①。社邑是乡村居民自愿结合的进行互助互济的"私社"，名称也可能是"社""义社""义邑"等。社邑救助的内容广泛，包括对贫苦无依老者的养老救助，还有一些社邑救助突破了宗族和地域的限制。社邑往往制定了系统的运行机制和管理制度，是一种比较成熟的民间救助组织机构形式，例如敦煌社邑。② 善会，是活跃于乡村社会中祭神修善性质的社团组织，一般由具备一定资产和社会声望的人捐资号召组成，捐纳钱财，在既定时间地点焚香拜神，并义务从事善会所负责的社会救助事务。善堂也是带有一定民间信仰色彩的救助机构，通常由地方精英发起和组织，有固定的工作人员和活动场所。宋代已经出现了善堂组织，明末清初有了较大发展。清初出现的普济堂即是善堂的一种，由官绅富民捐资盖房收养孤老。因民间社会各阶层的广泛参与，普济堂绩效斐然，成为官方机构救助能力不足的有效补充。另外，古代很多的行业协会、帮会等，也有慈善救助组织的影子在里面。

（3）宗教救助机构。宗教救助机构是伴随着宗教传入我国并参与社会救助活动而出现的由宗教团体主办的救助组织。除了临时性的救助之外，各宗教团体还设立了一些常设性救助机构，由此宗教救助机构也成为封建社会时期主要的社会救助机构之一。如前文所述唐代出现的"悲田养病坊"，即首先是由佛教寺院为救助贫穷病人、孤苦无依老人等社会弱势群体而创立的机构。基督教传入中国后，也在中国设立了很多救助机构并以此为载体开展救助活动。基督教设立的救助机构以慈善医院、育婴堂、孤儿院、养老院居多。例如，博济医院是19世纪中后期基督教教会

---

① 即南宋大儒朱熹所设立的社仓。
② 即盛行于甘肃敦煌地区的民间互助组织。

设立在中国最著名的慈善医疗机构，1848 年英国传教士合信在广州创办惠爱医院，19 世纪中期英国传教士雒魏林在上海设立仁济医院，这些医院不但对穷人实行免费就诊，还对无钱吃饭的病人发放伙食费。育婴堂和孤儿院是西方教会在华创办的两种主要慈幼机构，例如土山湾孤儿院和圣母院育婴堂就是基督教教会在中国开办较早的孤儿救助机构。赈灾济贫也是基督教救助事业的重要组成部分，赈济需要筹款，为此往往成立临时性的救助机构即赈灾委（会）。例如 1876 年山东遭遇两百年一遇的大旱灾，为此西方传教士积极组织赈务机构，于 1877 年 3 月在上海成立山东赈灾会以负责募资捐款。另外，西方基督教会也兴办一些以养老、助老为主要职能的养老院。例如根据中华续行委办会调查特委会的调查数据，基督教会在 10 个省内建有 37 所养老院，平均每所养老院收养 35 名老人。[1] 鸦片战争后洋教开始深入中国，为获得中国人民的认可并扩大影响，一些洋教的传教士或教会在中国兴办各种慈善机构，比如在香港沙田兴办安老院、在上海设置养老院等。洋教教会在中国兴办慈善机构，使中国人更方便、更广泛地了解了国外的社会慈善理念与实践，客观上产生了对中国人的慈善理念及行为的影响。清末状元、近代实业家和政治家张謇，曾亲自前往参观洋教教会设立于上海的安老院，发现该养老院共收养 170 余名孤寡老人，深受启发，认为兴办养老院是践行先圣 "老吾老以及人之老" 理念的良好途径，于是决定出资修建养老院。

（三）救助方式：趋于多样化

通过多种手段实施救助，是封建时期老年社会救助的一个重要特征：既有先秦时期常规的衣食救济和减免劳役、赋税以及刑罚等救助措施，还出现了诸如授予荣誉官职、施贷等方式，给老年人提供了救助内容较丰

---

[1] 中华续行委办会调查特委会：《1901—1920 基督教调查资料》，中国社会科学出版社 2007 年版，第 1068 页。

富、保障程度较高的救助。

（1）减免赋税、劳役和刑罚。人们到了一定年龄其劳动力就会部分或全部丧失，因此减免赋税和劳役成为历朝历代对老年人的常规性救助手段。两汉统治者经常发布帝王诏令来对鳏、寡、孤、独者提供救助，例如《武威新出土王杖诏令册》第二简中记载："年六十以上毋子男为鳏（鳏），女子年六十以上毋子男为寡，贾市毋租，比山东复。"第五简中记载："夫妻俱毋子男为独寡，田毋租，市毋赋，与归义同；沽酒醪列肆。"① 这两个诏令的意思是说，60 岁以上的鳏寡孤独者种田不用交租，市场做生意可以免以交税，可以在市场上开酒肆卖酒，可以享受与回归流民、归义民族一样的优惠待遇。魏晋时期，魏明帝曹叡于青龙元年二月宣布"鳏寡孤独无出今年租赋。"明代天顺八年，宪宗颁布诏书："凡民年七十以上者，免一丁差役。"② 除了免除鳏、寡、孤、独者本身的赋税劳役，统治者还通过"尊老敬老"的方式来间接救济老年人。《汉书·贾谊传》中记载，汉文帝大力推崇"敬高年"政策，若家中有 90 岁以上的老人可以免除一个儿子的赋役，如有 80 岁以上的老人可以免除二口的算赋，等等。另外，减免刑罚也是一种重要的老年救助方式。汉景帝曾下诏："年八十以上，八岁以下，及孕者未乳、师、朱儒、当鞫系者，颂系之。"③ 该诏令表明，汉景帝时期被监禁的 80 岁以上老人、8 岁以下儿童以及孕妇等人可免于戴刑具。

（2）衣食援助。衣食之需是贫困老年人最基本的生存需求，因此自政府至民间，衣食援助构成老年社会救助的最基本方式。汉代政府经常对鳏、寡、独以及 80 岁以上的高龄老人提供衣食救助，例如汉文帝即位第

---

① 甘肃省文物工作队、甘肃省博物馆编：《汉简研究文集》，甘肃人民出版社 1984 年版，第 35 页。

② 王子今、刘悦斌、常宗虎：《中国社会福利史》，武汉大学出版社 2013 年版，第 95 页。

③ ［汉］班固、［唐］颜师古注：《汉书》，中华书局 1962 年版，第 1106 页。

二年下诏令："年八十以上，赐米一人月一石，肉二十斤，酒五斗。"① 魏晋时期的统治者十分重视老年社会救助工作，经常不定期地恩赐需要救助的老人。② 例如魏文帝三年时曾下诏："鳏寡笃癃及贫不能自存者赐谷。" 西晋开国皇帝司马炎即位后的第一个政治动作，就是下诏救助鳏寡孤独者："于是大赦，改元。赐天下爵，人五级；鳏寡孤独不能自存者，人五斛。"③ 也有诸多有关南北朝时期政府救助老年人的记载，例如清代学者朱铭盘编撰的《南朝齐会要·民政》中记载："复除，赈恤，养高年，遣使案行灾害，荒灾。"④ 意思是说，政府免除赋役、赈以钱物，以此救济、赡养高龄老人，派遣官员巡查自然灾害、荒灾情况，并给以救济。唐宋以来政府广泛设立居养院、安济坊、居养院等，为鳏寡孤独者提供衣食住医之需。据《景定建康志（卷23）》载，建康府兼江淮制置使黄度"于城南创两养济院，为屋舍百间，每院各度一僧掌之，所养贫民以五百人为额，春夏则稍汰去，每岁用米一千三百斛……费钱两千缗。凡穷民寒则为之衣，病则予之药"。⑤ 总的来说，封建时期，除了广泛设立救助机构对孤苦无依老者实行院内救助之外，政府、民间和宗教团体更多的是进行院外的衣食援助。宋代义乌徐氏，好善乐施，于里中多有恩泽："天大寒，视并舍茕独困孱，日赋之食，至春乃罢，率以为常。"⑥ 宋湖州人郑某，"隆寒苦雪，闾里之人不能衣食者，持薪米缯絮往周之。"⑦ 在封建时期，诸如义乌徐氏、湖州郑某等此类的民间临时救助善举不胜枚举。

（3）医疗救助。由于年老体衰加上经济窘迫，医疗救助往往成为贫

---

① ［汉］班固、［唐］颜师古注：《汉书》，中华书局1962年版，第133页。
② ［晋］陈寿撰、陈乃乾校点：《三国志》，中华书局1982年版，第80页。
③ ［唐］房玄龄等撰：《晋书》，中华书局1974年版，第51页。
④ ［清］朱铭盘撰、顾吉辰等点校：《南朝齐会要》，上海古籍出版社2006年版，第523页。
⑤ ［宋］周应合撰：《景定建康志（卷23）》，文渊阁四库全书本。
⑥ ［宋］吕之谦撰：《吕东莱文集（卷7）》，《义乌徐君（文献）墓志铭》丛书集成本。
⑦ 转引自张文著：《宋朝民间慈善活动研究》，西南师范大学出版社2005年版，第38页。载［宋］刘一止《苕溪集》卷五《宋故右朝请大夫郑君墓表》，文渊阁四库全书本。

困老年人最大的救助需求之一。为救助患病的贫困百姓，政府和民间往往建有专门提供免费医疗的医疗机构。据载，南北朝时期齐文惠太子"与竟陵王子良俱好释道，立六病馆，以养穷民"。[1] 意思是说，南朝齐文惠太子萧长懋设立"六疾馆"，专门收治无钱治病的穷人。北齐文宣帝时的天竺法师那连提黎耶舍在汲郡（河南）西山建立三寺，收容疠疾患者，且将男女病房隔开。唐代初创的"悲田养病坊"是由政府创办的"养病坊"与佛教寺院设立的"悲田坊"统一而成，是免费收治贫困患者的医疗机构。《唐会要》记载，政府建立的免费为贫困人群看病的医院遍及各州郡。除此之外，政府还鼓励民间兴办公益性医院。如北宋熙宁一年，枢密院官员文彦博自费建立洛阳胜善寺药寮，"凡郊野之民无有远迩，与道路之往来有疾病者"，均可得到免费医疗。[2] 南宋淳熙七年转运使芮烨等人捐资创办了养济堂，"盖自是以来，病而无归者多赖以全活；不幸死者，亦瞑目而无憾焉。"[3] 政府和民间举办的正式医疗机构救助效果总体不错，但数量不足，民间的医疗救助需要更多的是依靠院外的临时性医疗救助，乡村士绅、富民等往往通过施医舍药、免费或低价为病人诊治疾病来实施其救助活动。如西晋时期的朱冲由药肆起家，"每遇春夏之交，即出钱米药物，募医官数人，巡门问贫者之疾，从而赐之"。"诸延寿堂病僧，日为供饮食药饵，病愈则已。"[4] 诸暨人张绪，"平居周救邻曲，多趋人急，或窭且病，遗之珍药，不以贵靳"。[5]

（4）助丧。助丧也是一种比较常见的老年社会救助方式。根据助丧事项划分，助丧大概可划分为施与丧资和收瘗死者两类。施与丧资是指施舍钱财给丧主，或者直接施与寿衣、棺椁、墓地，助丧主料理丧事；收瘗

---

① [梁] 萧子显撰：《南齐书》，中华书局 2000 年版，第 265 页。
② [宋] 范祖禹撰：《范太史集》，文渊阁四库全书本，第 394 页。
③ [宋] 朱熹撰：《晦庵先生文集》，线装书局 2004 年版，第 24—25 页。
④ [宋] 龚明之撰：《中吴纪闻》，文渊阁四库全书本，第 359 页
⑤ [宋] 范浚撰：《范香溪先生文集》，文渊阁四库全书本，第 182 页。

死者，即收敛埋葬无家人亲属收葬的死者。对于贫不能葬的情况，民间会进行助丧活动。例如宋代魏衣之，"于亲党恤死字孤，虽贫，极其力为之"。① 宋张齐贤年少时家境贫寒，父亲死了没有钱为父亲料理后事，一个河南县吏施舍其棺椁助其贫葬其父尸体。② 对于没有后代或亲属可以托付后事的孤老，官府可能会为其安葬，但多靠民间力量进行自发性助葬。如元代陕西三原人李子敬，"家富饶而喜赈穷周乏，葬不能葬者五十余"。③ 女真人高嗣荣，"姻娅孤独者衣食之，死无所归者葬埋之"。④ 会馆是由地方乡绅主办的从事地缘性慈善活动的机构，主要善行包括助学、助丧、施医、济贫。这类会馆以筹乡谊、萃善举为宗旨，对身处异地的同乡人提供慈善救助。明末万历年间，山西临襄官商在北京成立的山右会馆，置平水义园为停柩之所。⑤

（5）王杖制度。王杖制度源于周代"齿杖制度"，以鸠饰杖是由原始先民的鸟图腾崇拜演变而来，至汉代王杖制度得到进一步的法律化、制度化。从周代的"献鸠养国老"到汉代的"助食养老"，王杖的权杖寓意不断弱化，养老、助老的功能逐渐形成。《续汉书·礼仪志》中记载了汉代授予王杖的时间与年龄："仲秋八月，县道皆案户比民。年始七十者，授之以玉（王）杖。"⑥ 两汉时代，地方官府一般每年八月开始统计所在郡县人口，为年终一年一度的上计做准备工作，称为"八月算民"，其中统计老年人口以便朝廷确定授杖人数是一项重要内容。《武威汉简王杖诏令册》中详细记录了当时王杖持有人在政治、经济以及法律方面的特殊待遇，持有王杖的老年人除了享有特殊的政治待遇和减免劳役税赋以及刑罚

---

① ［宋］张栻撰：《南轩集》卷四零《教授魏元履（掞之）墓表》，四库全书抄本。

② ［宋］吴处厚撰：《青箱杂记》，中华书局1997年版，第3页。

③ ［明］宋濂撰：《元史》卷一七乙《列传八四·孝友一》，中华书局1976年版。

④ ［元］胡祗遹撰：《紫山大全集》卷一八《隐士高君墓志铭》，文渊阁四库全书本。

⑤ 周秋光：《中国慈善简史》，人民出版社2006年版，第182页。

⑥ ［南朝宋］范晔撰：《后汉书》，中华书局1965年版，第3124页。

优待外，没有子女的孤寡老人还可以从事特种行业经营比如在市场卖"酒醪"，对于那些出于善心愿意赡养孤寡老人的家庭，各级官府还予以大力扶持和资助。

（6）赈贷。赈贷，即赈贫贷乏，除了以钱物赈济贫民灾民外，还可以贷给其种子、粮食、牲畜、农具等生活和生产用品，以帮助其维持和发展生产和生计。据记载汉代就开始使用这种救助方式。汉宣帝曾下诏书："鳏寡孤独高年贫困之民，朕所怜也。前下诏假公田，贷种、事。其加赐鳏寡孤独高年帛。二千石严教吏谨视遇，毋令失职。"① 《汉书·王莽传下》中记载："今东方岁荒民饥，道路不通，东岳太师驱科条，开东方诸仓，赈贷穷乏，以施仁道。"② 《南朝齐会要·民政》中也有记载："养高年，赈贷。"③ 宋朝叶适所著《吕君墓志铭》记载永康吕氏的墓志铭是："君致富虽纤微，然遇旱饥，辄再出稻子数千斛，助州县赈贷。"④ 相比消极的款物救济，赈贷是一种比较积极的救助方式，有助于贫民灾民的自力更生。

三、民国时期的农村老年社会救助

中华民国只存续了 1912~1949 年这短短的 38 年历史，这个时期国家战乱不断、灾祸频繁、民生多艰，当时的政府在老年社会救助制度建设和救助责任承担方面发挥的作用十分有限，不过当时的政府制定了较多的致力于规范和促进民间慈善的法律法规，有效地激发了社会组织和社会力量

---

① ［汉］班固撰、［唐］颜师古注：《汉书》，中华书局 1962 年版，第 248 页。
② ［汉］班固撰、［唐］颜师古注：《汉书》，中华书局 1962 年版，第 1151 页。
③ ［清］朱铭盘撰、顾吉辰等点校：《南朝齐会要》，上海古籍出版社 2006 年版，第 523 页。
④ ［宋］叶适撰：《水心集（卷14）》，影印版。

的社会救助功能。但在这样一个战火纷飞、灾荒不断的时代，相对于巨大的社会需求，政府和社会各界所能提供的老年社会救助只不过是杯水车薪。然而，民国时期也是中国历史的大转折时期。鸦片战争打开中国国门之后，西学东渐与西法东传之风盛行，西方先进的制度思想理念包括社会救助理念也随之传入中国，受此影响民国时期老年社会救助在救助理念、救助制度与救助实践方面逐渐走出了中国传统的救助模式，开始向近代化转型。这个时期的老年社会救助在时代背景、制度理念与机制创新等方面都有其突出特点。

（一）时代背景：战争频仍、民不聊生、救助需求巨大

从 1912 年至 1949 年新中国成立，中国历经军阀混战、第一次世界大战、国共之间的围剿与反围剿、日本侵华战争与抗战、国共全面内战，38年间几乎战争不断。频繁的战争严重影响了国家的经济建设与社会管理，致使国力衰败、民不聊生。此外我国还是个自然灾害频发的国家，人祸天灾往往互为因果。民国时期政局的动荡不安导致的是落后的国家基础设施以及混乱的社会治理状况，致使各种自然灾害发生的频率、范围以及损害程度非常之高。据统计，1912~1948 年之间，全国各地的水灾 7408 县次，旱灾 5935 县次，虫灾 1719 县次，雹灾 1032 县次，疫病 767 县次，风灾 646 县次，地震灾 486 县次，冷冻灾害 148 县次，其他灾害 148 县次，在此期间每年约有 1/4 的国土面积遭受自然灾害的肆虐。[①] 除了自然灾害，兵灾、匪灾也是无时不有，造成其些地区连年灾荒、饿殍满地。1928 年 6月 8 日《申报》13 版的一篇报道《上海临时义赈会鲁灾报告》中写道："泗水十二年旱灾、十三年蝗雹灾、十五年水灾、十六年旱雹灾，收成极歉。军队驻扎多时，搜刮殆尽，而尤以匪巢为最酷……"

---

① 夏明方：《民国时期自然灾害与乡村社会》，中华书局 2000 年版，第 34-35 页。

民国时期民生多艰，除了战争与自然灾害因素之外，还因为西方列强的经济掠夺。帝国主义列强通过战争手段向中国勒索巨额赔款，并迫使中国向列强举借外债来偿付这些赔款，而列强的政治贷款常常附有苛刻条件和高额利息，并要求以中国的关税和盐税为担保。另外，列强在中国纷纷设立银行，使之成为其对华资本输出的枢纽，由此中国财政金融的咽喉实际上被列强所扼制。总之，西方列强的入侵，使中国在经济上丧失了独立性，成为列强的经济附庸，它一方面加速了中国自然经济的瓦解，另一方面又阻碍了中国民族资本主义经济的发展。除了广州、上海等少数沿海沿江城市的经济得到畸形发展以外，中国广大地区尤其是农村一片凋敝、破败不堪，民众生活极端困苦。由于自然经济的解体与实业的匮乏，破产的农民、失业的工人和乞讨的人群逐年增多，然而此时期政府忙于党争、军争与战争，无暇顾及也无多少财力顾及百姓的生计问题，有劳动能力的青壮年尚难以维持其生活，年老体衰的老年人其生存状态可想而知。

（二）理念嬗变：从德政养民、重养轻教到社会保障、教养兼施

西方列强的侵略和民国时期的政治黑暗与政府无能，是导致近代中国经济落后与人民普遍极端贫困的根本原因，但其积极影响也是比较明显的。一是经济上的影响。列强对中国实行经济掠夺，客观上打破了中国的自然经济体系，并促进了中国近代资本主义经济的兴起。二是思想上的影响。随着中国国门被列强用坚船利炮打开，西方的近代思想也开始传入中国，引发中国在政治、文化、社会生活以及政府政策等各方面的近代化转型。西方先进的制度和思想、先进的救助理念也随之传入我国，促进了我国社会救助制度理念的转型，主要表现在以下两方面：

1. 确立了近代"国家社会责任"理念

从 15 世纪至 19 世纪，西方社会救助理念的基本特征是"个人自助"。该理念认为贫困主要是个人的过错而不是社会、政府的过错，因此

贫困问题的解决应该是个人的责任，而不是社会与政府的责任。政府与社会（比如教会）之所以实施对贫民的救助，是基于维护社会稳定、安定社会秩序之目标，这种救助是一种恩赐与施舍，受助者接受救助往往以放弃一定的尊严或名誉为代价。1601 年英国颁布并实施的《伊丽莎白济贫法》充分体现了这种福利污名化的特点。但到了 19 世纪后期，随着工业化所带来的社会风险如失业、工伤、养老、疾病等问题的日益突出，在革命主义和改良主义等思想的推动下，西方社会的贫困救助理念开始发生转变，资本主义政府开始接受"国家社会责任"理念。该理念认为社会问题的解决应该是社会或政府的责任，而不应该是个人的责任，贫困问题应该依靠社会保障而不是个人互助，贫困者获得政府与社会帮助是其公民权利的体现。

中国历史上的贫困救助理念与西方有所不同。中国传统的社会救助思想产生于汪洋大海般自给自足的小农经济，历朝历代大凡圣贤明君都把"德政养民"作为自己的施政主张。如荀子的"庶民安政"、孔子的"养民也惠"、郑文公的"命在养民"的政策主张以及唐太宗李世民"以民为本"的思想与实践等。由此社会普遍认为，当有人陷入贫困不能自给时，政府和社会应该给予其帮助。也就是说，中国传统社会是从"养民"的重要性出发，来推导出"助民"（对贫民进行社会救助）的必要性，而并没有如西方社会那般具体探讨贫困的原因与责任承担问题。随着国门的打开，中国逐渐受到西方社会"国家社会责任"理念以及通过立法推行相关福利政策实践的影响，并在社会救助领域尝试践行"国家社会责任"理念，但因时局混乱以及财力不济等原因，中国对西方社会救助理念与实践的贯彻十分有限。

2. 从"重养轻教"转向"教养兼施"理念

中国传统社会的救助事业偏重于"养"，即偏重于对贫困者的生活生存救助，如为贫困者提供衣、食、住及医疗救助等，使之不至于冻死饿死病死，这种方式的救助属于消极型救助。"教"即教化，即对受助者进行文化知识技能的教育，使之掌握自我生存本领。"教养兼施"理念认为，在对贫困者生活救助的基础上，还要注重对其进行思想教化与技能培训，以助其自强自立，因此这是一种积极型救助理念。鸦片战争后，清朝一些开明官员和社会有识之士认为中国必须向西方学习先进的技术、思想和制度，即"中学为体、西学为用"。于是，"教养兼施"理念在晚清时期传入我国并得到推广，"并不仅仅得到部分思想家和传教士的提倡，而且得到社会舆论的广泛支持，形成一股强大的社会思潮"。① 苏州著名的慈善家冯桂芬，即是近代中国倡导向西方国家学习先进救助方法、贯彻"教养兼施"理念的领军人物。郑观应在《盛世危言》中通过介绍西方恤贫院和养病院等机构的救助方法，提出清政府在处理失业、养老、贫民等问题时，应该仿效西方国家"教养兼施"的理念与做法。到了民国时期，"教养兼施"这一救助理念已经获得政府和社会慈善界的普遍认可，并得到广泛践行。例如，南京国民政府通过的《各地方救济院规则》规定：养老所除保障老人生活外，还"应教以有益身心之课程"，要求老人从事裱糊、纺织、农事或其他体力可胜任的劳作；残废所应传授残废者文化知识及词曲、说书、工艺等技能；贷款所借给贫民营业资本，引导贫民自食其力等。② 1922 年湖南政府成立的后改由绅商办理的湖南省会贫民救济会，设置给养、惠老、贫儿、废疾四院和扶助部，并附设贫民工艺厂和惠老工场，教授贫民、老人等一些职业技能，以助其自食其力。③ 以上这些皆是"教养兼施"理念在民国时期救助实践中的体现。

---

① 黄鸿山：《中国近代慈善事业研究——以晚晴江南为中心》，天津古籍出版社 2011 年版，第 183 页。

② 黄鸿山：《"教养兼施"的实践、成效与困境：民国浙江救济院研究（1928—1937）》，《苏州大学学报（哲社版）》，2017 年第 7 期。

③ 禹舜编：《湖南大辞典》，新华出版社 1995 年版，第 629 页。

(三) 机制转型：老年救助机制的改善与实践

民国时期中国一直处于战争不断、天灾连绵的祸患境地，当时的政府并没有能力、精力和财力来建立与维系专门的、完善的老年社会救助机制，而是把对老年人的救助笼统纳入全民一体的救助之中。虽然此时期政府和社会提供的老年救助相对于社会需求而言无异于杯水车薪，但特殊的时代背景仍在某些方面促进了老年社会救助机制的改善，主要表现在以下方面：

1. 通过立法促进养老、助老工作

中华民国制定并实施了比较丰富的有关家庭养老、社会养老保险、政府救济以及公益慈善等方面的法律，以促进养老、助老工作的开展。1930年中华民国颁布了《民法》，其中的第四编"亲属法"基本确立了个人本位的亲属法制，传统的父权制由此解体，但该法仍明确了亲属间有互助义务、养老责任主要由家庭成员承担的原则。[①]由于孝道文化在中国民众心中难以动摇，因此民国时期家庭养老依然是核心养老机制。不过民国时期是中国由传统社会向近现代社会转型的一个时期，中国的社会保障制度也在此时开始转型，即由传统的救助型社会保障制度开始向近现代保险型社会保障制度转型。制度转型集中体现在中华民国政府颁布了一系列社会保险相关法律，例如1929年12月颁布《保险法》，虽然该法在民国时期并未定期施行，[②]但它成为政府酝酿社会养老保险制度的基础；国际劳工组织于1919年成立后，大力推动世界各国社会养老保险事业的发展，制定了多项有关社会养老保险的国际公约，并且积极督促当时的中国政府履行会员国义务。1923年北洋军政府颁布《暂行工厂条例》，开启了劳工立法

---

①　徐百齐编：《中华民国法规大全》（第1册），商务印书馆1937年版，第34-85页。
②　谢振民编：《中华民国立法史》（下册），张知本校订，中国政法大学出版社1999年版，第835页。

的序幕;① 1941 年国民政府社会部下设福利司拟定了《社会保险法原则草案》《健康保险法草案》和《陪都公务员役团体寿险计划纲要草案》等;1945 年国民党六大通过了《战后安全初步设施纲要》,该纲要提出战后政府要举办社会保险包括养老保险。可以看出,民国时期政府制定并通过了比较丰富的养老保障方面的法律,但由于国力衰败等原因,社会养老保险仅停留在探索阶段,因而没有获得实质性进展。

与社会养老保险建设乏力相比,民国时期在老年社会救助立法与实践方面相对有所建树。1927 年成立的南京国民党政权以孙中山的"三民主义"为治国理念,根据其中的"民生主义"理念,南京国民政府积极开展社会救助事业,力图通过立法建立起由官方主导的社会救助体系。1928 年 6 月,内政部颁布《各地方救济院规则》,要求县以上各级政府在其治所内设立救济院,乡、区、屯、镇等人口稠密处酌情设立,救济院下设养老、孤儿、残废、医疗、贷款等所。由于该规则的执行单位主要在县一级,为确保落实南京国民政府内政部于同年分别颁布《各县政府内务行政纲要》和《县长须知》,专门就社会救助事业对县政府和县长作了规定。在国民政府的统一要求下,各地基本都建立了社会救助机构。1943 年 9 月,南京国民政府正式颁布实施《社会救济法》,1944 年由行政院核准实行《社会救济法施行规则》,1945 年行政院又颁布了《救济院规程》。这些法律法规的颁行及后续的修改完善,标志着民国时期社会救助法律体系的基本建立,明确了国家政府是社会救助的法定责任主体,促进了中国传统社会救助政府机制的转型。

2. 民间老年救助机制得到进一步发展完善

虽然《保险法》《社会救济法》等法律法规的颁布,明确了政府在社

---

① 谢振民编:《中华民国立法史》(下册),张知本校订,中国政法大学出版社 1999 年版,第 1061 页。

会养老保险与社会救助制度中的法定责任主体地位，但在战争连绵、政治动荡的时代，政府在为老年人提供足够的社会养老保险或官方救助方面明显心力不足。为救济各类难民、灾民和贫民，各种各样的民间慈善组织纷纷创立。为鼓励民间慈善行为，历届民国政府都出台了相应的法律法规给予扶持。例如，北洋政府分别于1913年、1921年颁布《褒扬条例》和《慈惠章给予令》，对从事公益者给予褒奖、颁发慈惠奖章等；1930年南京国民政府公布实施《遗产法》，对慈善组织在土地赋税方面给予了多项优惠政策。另外，国民政府颁行了诸多的慈善组织监管方面的法律法规，以对民间慈善组织及其行为进行有效规范。1929年6月南京国民政府颁布实施《监督慈善团体法》，这是近代中国第一部有关慈善事业的基本法。1929年7月，该法的施行细则出台。《监督慈善团体法》及其施行细则对慈善团体立案注册、成立目的、发起人资格、会员与职员、募捐、解散以及会计清算等事项作了详细规定。1935年内政部依《监督寺庙条例》颁布的《佛教寺庙兴办慈善公益事业规则》，鼓励各寺庙酌量各自财产情形，开展养老育幼、助学、救灾济贫等慈善活动。20世纪40年代民国政府公布施行《社会救济法》《救济院规程》《管理私立救济设施规则》与《私人办理济渡事业管理规则》等法律法规，同样也旨在提倡并规范新式民间慈善组织，并在客观上促进了民间近现代慈善救助事业。

受重重社会危机、西学东渐思潮以及政府管理的影响，民国时期旧式慈善社团如善堂善会或主动或被动地开始了向近代慈善团体的组织变革与制度转型，以适应社会变迁之需要。例如，潮汕地区的存心善堂始建于清光绪二十五年（1899年），至20世纪30年代开始实行近现代理事会制度，设理事长一名，理事多名（理事多为当时汕头埠的工商业名流）。理事会下设法事股、福利股、教育股、掩埋队、消防队、救护队等机构，并开办有存心医院、存心学校、儿童教养院、存心善堂水龙局、存心汕头义

冢，并附设吊唁厅等附属机构。① 江苏至元堂是创立于清光绪二十二年
（1896 年）的川沙县私立善堂，成立初期主要实施助医、恤老、助衣物、
助丧等方面的善举。南京国民政府成立后加强了对社会行政的管理，颁布
实施了开展各项社会救助事业的法律法规与具体政策，并强调了救助的教
养兼施原则，于是各类民间慈善组织纷纷进行了改革调整。江苏至元堂依
照规定贯彻实施对各类救助对象的分类救助机制，例如对老人实行有益身
心之课程以及轻微劳作，对无业及流浪人员实行严格管理与强制劳动，儿
童则给以适当教育，等等，由此至元堂逐渐转型成为具有新型救助理念与
机制的近代社会慈善团体。②

除了加强管理和监督，政府还通过改组民间慈善组织以引导民间慈善
救济组织的转型与发展。1928 年《各地方救济院规则》颁布后，各级政
府依法设立救济院，随后全国各县对原有善堂善会进行接收、改组，逐渐
把它们纳入救济院系统之内。例如，浙江绍兴县救济院 1929 年成立，由
同善堂、育婴堂、养老所、因利所等改组而成；浙江萧山县救济院 1928
年成立，由养老堂、育婴堂改组，后贫民习艺所也并入。③ 经过改组后，
官方和民间救助力量得到了有效整合。

依托于民间慈善救助组织的近现代转型，民国时期社会救助机制亦随
之转型。虽然民国政府颁布的系列法律法规并非针对老年社会救助，民间

---

① 明清时期，善会善堂的运营模式主要有三种：会讲制、轮值制和董事制。"会讲制"是将会
讲活动和善举活动（募捐和施善）结合在一起举办的管理方式，其特点是具有鲜明的道德教化色彩。
会讲活动定期举办，每次的主会之人由会员推出以负责善会的管理事务，会讲的组织者即被称为"主
会"。聚会目的有三：一是收集会费，二是商讨救济案与善款的分配，三是由"主会"以俗讲方式来
警恶扬善，劝谕大众安分守己并发扬济贫的善心。"轮值制"即是延请地方士绅好义者对善会善堂进
行按月轮流管理的模式。"董事制"即善会善堂官僚化过程中采取的官督民办的经营方式。在董事制
下，善会善堂的主持人由会员或捐赠人（后来也有官方的主持）集体推荐或由官方指定，董事按照年
限固定任职，任期届满交由下一任董事继续主持，目的是加强官方的监督管理。

② 王大学：《晚清到民国时期江南地方慈善组织的社会转型》，复旦大学硕士学位论文，
2004 年。

③ 黄鸿山：《"教养兼施"的实践、成效与困境：民国浙江救济院研究（1928—1937）》，
《苏州大学学报（哲社版）》，2017 年第 7 期。

更鲜见创立专门的慈善助老组织，但"养老"确实被作为民国时期慈善公益救助事业的核心项目被列举。由此，随着整体社会救助机制的转型，服务于贫困老年人的救助机制亦随之得到改善。总之，民国时期老年社会救助机制在主体责任确定、主体组织管理及其行为方式等方面得到了一定程度发展和改善。尽管民国时期并没有形成专门的老年社会救助机制、给予老年人的社会救助亦是僧多粥少，但对稳定社会、增强民族凝聚力、推进社会救助事业产生了比较明显的积极影响，而且在中国近代社会救助史上也占有一定的地位。

四、小结和启示

中国历史可划分为四大阶段：原始社会、先秦时期、封建时期和近现代时期，民国时期是近现代时期之中一个承上启下的转型阶段。原始社会的所有制是公有制，私有制的出现导致了原始社会的崩塌。夏启开创了中国第一个王朝，中国进入先秦社会。先秦时期与封建时期的主要划分节点在秦朝，秦始皇建立了中国第一个中央集权制封建国家。从秦到中华民国成立，封建时期在中国历史上占据了绝对较长时间，而中华民国只有短短38年历史。历史阶段的更替，是人类文明和社会生产力发展的结果。由于生产力发展水平、政治制度、思想文化背景等方面的阶段性，先秦时期、封建时期和民国时期在老年社会救助领域中的救助理念、救助措施、救助内容等更具有较大的差异性。换言之，三个历史时期的老年社会救助机制各有其利弊和优势与不足，但总体来说是随着历史的前进而发展改善的。"以史为镜，可知兴替"，先秦以来的中国老年社会救助诸多实践给予了我们发展现代老年社会救助机制以丰富的启示。

第一，老年社会救助机制的不可或缺。原始社会实行的是公有制，老年人均由氏族公社负责养老，因此老年救助问题并不突出。家庭和私有制出现后，养老成了家庭的主要责任，而家庭的养老能力又是高低不一的，于是就有了部分老年人需要救助的问题。自先秦时期以来，中国社会老年人的养老问题主要由家庭养老机制予以解决，但是每一个社会总有一部分老年人，或因为没有劳动能力、或因为没有给予照料的家人、或因家庭困境而无力给予老人供养，因而需要政府和社会的帮助。在天灾人祸的时代，需要救助的老年人群体就更为庞大。历朝历代的统治者或者政府一般都会对有需要的老年人给予必要的养老救助，这一方面是对其所推崇的"孝道"文化的呼应，目的在于维护其统治的合法性与合理性（因为统治者是依赖忠孝礼制来治理国家的），另一方面在于促进家庭对"孝道"及自身养老责任的认识与践行。先秦时期国家以礼制为基础治国，对老年人实行家庭赡养和国家助养相结合的养老制度，老年人除了能获得国家社会的礼制优待之外，符合一定资格条件还可以获得统治者的救助，而且老人所获得的救助与照顾体现在其生活的很多方面，例如赐杖、减免赋役刑罚、致仕等。到西汉时期，"以孝治天下"的治国方略基本确定并延续近两千年。与先秦时期相比，此后国家对家庭养老政策的支持、对老年人的优待和救助并没有实质性变化，但总体而言越来越制度化、规范化。民国时期天灾人祸连绵不断，老弱病残群体庞大，民国政府因此设立了众多的救济机构。除此之外，政府还大力建设社会慈善制度，以促进民间慈善力量分担社会救助的重任。

第二，"养老"构成老年社会救助的核心内容。古今中外均是按照一定的年龄标准来划分老年人群的。例如《文献通考户口考》说："晋以六十六岁为老，隋以六十岁为老，唐以五十五岁为老，宋以六十岁为老。"世界卫生组织关于老年人的标准是年满 65 岁及以上，我国《老年人权益保障法》规定老年人的年龄起点标准是 60 周岁。壮年以后，人的生理机能和社会功能均会随年龄的增长而下降，进入老年后人的需求基本集中在

"老有所养"方面。老年人的"养老"需求不外乎三个方面，即获得足够的经济保障、精神慰藉以及日常生活照料方面的满足。[1] 先秦以来，政府和社会力量为受助者所提供的老年社会救助，其目标即是助其实现"老有所养"，其内容也基本围绕这三个方面的养老需求展开。例如先秦时期，政府定期为独矜寡者发放粮食以及减免老年人的赋役等措施，是对老年人直接或间接的经济保障；《礼记》中提出，不但要为老年人提供基本物质所需，还要使老年人保持心情舒畅，这是对老年人精神需求的回应。随着生产力的发展，封建时期对老年人的养老救助内容进一步丰富。例如唐代所推行的"存留养亲"以及"给侍"制度，即是为解决老年人的日常照料问题而设。唐代的"给侍"制度规定，八十岁及以上的老年人（称之为"侍老"），均可获得官府所拨侍丁以养其老，侍丁无论与侍老有无亲属关系，均可依法免除一定的赋役。[2] 除此之外，封建时期还对贫困老年人推行允许市场特种经营、放贷等救助措施，不过这些并不是老年社会救助的主要措施。民国时期老年救助与一般救助均践行"教养兼施"理念，地方救济院养老所的老年人须学"有益身心之课程"并从事其体力可胜任的劳作，既是因为当时适逢乱世政府财力过于薄弱而致，也是对"教养兼施"理念的认可与践行。总体而言，先秦以来"养老"构成对老年人救助的核心内容。

第三，注重培育尊老、养老、助老的社会文化氛围。尊老敬老的社会文化氛围有助于大力推进养老助老事业。在中国古代社会，老年人口的增加往往被视为政局稳定、社会发展、天下富足和百姓生活安宁的标志，所以历代有见识的统治者均致力于提高老年人的社会地位、保障老年人的合法权益，最终形成了尊老、敬老、助老的社会风气和美德。先秦时期国家提倡敬老养老的一大特色，就是把敬老养老问题与学校教育紧密结合，自

---

① 曹清华：《老年社会救助的兜底保障问题研究》，《河南师范大学学报》，2016 年第 3 期。
② 李娜：《唐代给侍法律制度研究》，安徽大学硕士学位论文，2017 年。

幼培养学生尊老、养老、助老的思维观念和基本礼仪。"天子视学,大昕鼓徵,所以警众也。众至,然后天子至,乃命有司行事,兴秩节,祭先师先圣焉。有司卒事,反命。始之养也。适东序,释奠于先老,遂设三老五更群老之席位焉。适馔省醴,养老之珍,具;遂发咏焉,退修之,以孝养也。……有司告以乐阕,王乃命公侯伯子男及群吏曰:'反,养老幼于东序。'终之以仁也。"① 汉代统治者号称"以孝治天下",特别注重尊老、敬老,并形成了较为完备的法律制度,其中的王杖制度就是一种别具特色的老年人权益保障法。唐宋时期统治者大力倡导孝道,《孝经》被列为学校必修科目,对孝悌之人进行表彰和颂扬。清代康熙年间举办盛况空前的"千叟宴",亦是弘扬敬老养老风范的一个典型事例。民国时期,由于新文化运动等因素影响,以"忠孝"为核心的中国传统道德受到严重冲击,但总体而言仍在传承传统的孝道和孝文化,不过其内涵有了质的变化。民国时期政府仍然重视对孝文化的传承和教育,只是反对愚孝和绝对的孝,主张将孝转化为敬老、养老、助老行为,并把敬老推广为官方和民间的公益事业。由此,在先秦时期历朝历代统治者或政府的大力推动下,中国社会形成了浓厚的尊老、敬老、助老的社会风气及美德,为政府和民间积极从事老年社会救助事业提供了强大的社会文化心理支持与推动力。

第四,有效发挥家庭养老机制的功能。在先秦时期,国家通过多种途径为符合一定条件的老年人提供某些优待和供养,但对于绝大多数老人而言,家庭才是养老的责任主体和基本单位。为了促进家庭更好地履行养老责任,国家一方面通过"父权制"和"孝道"来确定家庭本位的敬老、养老模式,另一方面制定了许多相应的扶持家庭赡养老年人的政策。例如管子主张的"九惠之教"的第一项就是"老老",其具体政策是:"凡国都皆有掌老。年七十已上,一子无征,三月有馈肉。年八十已上,二子无

---

① 《礼记·文王世子》记载,周天子视察太学祭祀先师先圣后,紧接着就是举行隆重的养老礼仪。仪式结束后,天子还要命令诸侯及百官回去后也要在学校举行养老之礼。

征，月有馈肉。年九十已上，尽家无征，日有酒肉。死，上共棺椁。"① 孝道文化的倡导与这些家庭养老扶持政策的结合，形成了中国自先秦以来沿袭两千多年的以家庭为本位的老年人供养制度。到了封建时期，国家继续延续先秦时期的以家庭机制为核心的养老制度，但在制度和政策方面有了一些创新和新的做法。例如"存留养亲"制度，就是北魏孝文帝为支持家庭养老而创立的。《魏书·刑罚志》中记载："诸犯死罪，若祖父母、父母七十以上，无成人子孙，旁无期亲者，具状上请。流者鞭笞，留养其亲，终则从流。"② 在唐代，除了延续前朝的"存留养亲"制度，朝廷还创立了给特定老年人配备年轻人以照料其生活的"给侍"制度，这是政府对家庭养老提供政策支持的一种创新制度设计。至中华民国成立，西方国家的社会化养老机制形成已经有二十几年的时间。③ 受西方社会的影响，民国时期政府也开始建设工业化背景下的社会养老保险制度，但由于政局不稳、财力不足等原因，社会养老保险仅停留在研究探索阶段而无实质性建制。因此，民国时期政府仍然大力推崇孝道，并通过立法来强调家庭的主要养老责任。总之，先秦时期、封建社会以及民国时期的政府都在推崇"孝道"文化的基础上，颁行各种政策措施以促进家庭养老机制的核心作用与主体地位，从而使得几千年以来绝大多数的中国老年人能够在家人的供养下安度晚年。

第五，社会慈善救助构成官方救助的有益补充。1601 年英国颁布《伊丽莎白济贫法》，该法确定了政府是社会救助的法定责任主体。20 世纪 40 年代，南京国民政府颁行以《社会救济法》为代表的有关救助的系列法律法规，标志着社会救助责任开始真正成为国家的法定责任。但无论

---

① 黎翔凤校注、梁运华整理：《管子校注：入国》，《新编诸子集成》本　中华书局 2004 年版，第 1033 页。

② ［齐］魏收撰：《魏书》，中华书局 2000 年版，第 1928 页。

③ 以 1889 年德国颁布实施《老年、残疾和遗属保险法》为标志。

是在东方社会还是西方社会，且无论有没有颁行相关确定国家政府救助责任的法律法规，官方救助与社会力量救助一直是并行发展的。在中国历史上，一般情况下社会救助事业由政府在其中主导并发挥主要作用。随着生产力的发展以及宗教的兴起，民间互助和宗教慈善成为越来越重要的救助方式，在某些时候甚至构成最主要的救助方式，例如国家由荒淫无度统治者统治时期。先秦时期国家以礼制治国，统治者一般比较重视对老年人的供养和救助，国家救助基本上是主要的救助方式。《周礼·地官·大司徒》中就有"以荒政十有二聚万民"和"以保息六养万民"之说，这"十二荒政"和"保息六政"涵盖了灾荒救助、贫困救助和特殊救助等各个方面，初步奠定了中国传统社会救助制度和救助思想的基本框架。在国家救助之外，还有宗族救助和零星的民间互助。到了封建时期，生产力的发展和社会阶级阶层的演变，使得更多的力量主体参与到社会救助事业之中，例如士绅、富民和宗教团体等，并发挥重要作用。例如宋代人李发富甲一方、乐善好施，乾道四年（1168年）大饥荒，"就食李家者，日至三四万人。明年流道未复，而荒政已罢，民愈困敝，数百里间，扶老携幼，掣釜束薪，而以李为归者，其众又倍于前。"[1] 可以看出，富绅李发实施的慈善救助活动时间长、规模大，有效弥补了政府荒政不足或业已结束的空缺。民国时期，由于政府忙于党争、军争和应付对外战争，对于庞大的社会救助需求往往显得心有余而力不足。于是在政府的鼓励下，社会慈善事业呈现前所未有的兴旺发展，并且对当时社会起了举足轻重乃至决定性作用。例如1920年秋，北方直隶、山东等省发生特大旱灾，政府无力救治，最后依靠中外慈善家们组织各种救灾团体进行赈灾并最终使得五省灾区得以救助解危。[2] 由此，社会力量主导的慈善救助构成政府官方救助的有益补充。

---

① 董煟：《救荒活民书》卷下《救荒报应》第662册，四库文渊阁本，第297页。
② 周秋光：《民国时期社会慈善事业研究刍议》，《湖南师范大学学报》，1994年第3期。

第三章 农村老年社会救助的当代发展与机制现状

中华人民共和国建立初期，针对全国失业人数众多、大量难民灾民和无依无靠的孤老残幼流浪街头的严峻形势，政府及时建立了面向这些特殊人群的社会救助制度即"补缺型"社会救助制度。经过近70年的发展与演变，这种传统式"补缺型"社会救助制度已经发展成为覆盖全体社会成员的权利保障制度。迄今为止，我国已经建立了以"低保"、特困救助为核心，以医疗救助、住房救助、教育救助等专项救助为辅助，以公益慈善为补充的新型城乡社会救助体系。与此同时，服务于农村老年贫困群体的现代社会救助制度机制体系基本形成，并逐步定型化和规范化，有效地保障了农村贫困老年群体的基本生活，促进了农村贫困家庭的和睦和农村社会的稳定。

一、改革开放前的农村老年社会救济

1949年新中国建立后，国家和政府非常重视社会救济工作。新中国建立初期，国际国内社会形势严峻，针对战后大规模贫民需要紧急救济的情况，社会救助主要是提供临时性应急生活救济，以解燃眉之急。进入全面建设社会主义社会时期之后，孤老病残、具有特殊身份的困难群体等成为社会救济的需求主体，社会救助由此从临时性应急救济向制度化方向发展，"补缺"模式的社会救助制度开始建立。计划经济体制时期，城市与农村在制度和管理上被截然分开，造成"城乡二元"的分治结构，由此形成我国延续至今的城乡分野的救助格局。改革开放前，我国农村老年社会救助制度机制建设大致可划分为以下几个阶段：

（一）新中国建立初期到社会主义改造时期

新中国建立初期到社会主义改造时期，即 1949～1955 年这一段时期。清末以来中国社会战争不断，连年战争导致百业凋零、民生凋敝，新建的中华人民共和国亟须在发展经济的同时，安顿安抚好贫民，解决他们最为迫切的生存问题，维护基层社会的稳定。中国还是一个自然灾害频发的国家，从 1949 年开始中国接连爆发水灾、旱灾及冻害等自然灾害，导致这一时期需要救助的城乡贫困人口众多，在农村主要包括灾民、贫民和无依无靠的孤老病残等群体。据统计，当时全国急需救助的人员数量约占到全国总人数的 10%，其中有数以百万计的孤老病残。① 解决这些群体的生活困难，保障其基本生活，是稳定当时社会形势、巩固新生人民政权的重要保障。

新中国成立第二年的 4 月份，中央政府召开有关救济事务方面的人民代表会议，该会议确定了新中国成立初期的福利事业救济原则，即政府领导下的人民自救自助原则，会后成立了人民救济总会。1950 年 7 月，内务部设立了主管全国社会救济工作的社会司。1953 年，内务部增设了主管农村救灾和社会救济事务的救济司，之后各级政府为推进救灾救济事务而设立了对应的职能机构。虽然新中国成立不久政府财政十分困难，但各级政府在组织民众积极生产自救之外，向农村下拨了数十亿元的救灾救济

---

① 多吉才让：《最低生活保障制度研究》，人民出版社 2001 年版，第 55 页。

款，同时还向灾民发放了大量的救灾粮食。1953 年，内务部颁发了《农村灾荒救济粮款发放使用办法》，该办法规定，按缺粮日期长短给予一等救济户以全部救济，并规定可把（无就业能力、无依靠的）孤老病残中生活不能自理者送往残老教养院等机构收养。1954 年 9 月，新中国第一部宪法颁布实施，该法的第九十三条规定："中华人民共和国劳动者在年老、疾病或者丧失劳动能力的时候，有获得物质帮助的权利。国家举办社会保险、社会救济和群众卫生事业，并且逐步扩大这些设施，以保证劳动者享受这种权利。"可以看出，宪法确立了老年人有获得物质帮助的权利。这种宪法性老年社会救助权利的确立，是现代老年社会救助制度机制建立和实施的前提。此后，宪法虽历经修改，但关于老年人的社会救助权利这一精神理念并没有变化，为此后我国老年社会救助制度机制的建设提供了宪法依据。

与政府救助机制获得积极建设不同的是，民间慈善救助活动则被遏制取消。1951 年，政务院通过了《关于处理接受美国津贴的救济社团及救济机关的实施办法》，宣布对接受美国捐助的慈善团体全部进行接收，财产一律充公；与此同时全国各地也开始接收、改造旧有的民间慈善机构。① 到 1954 年前后，我国大陆已经不再存在真正意义上的现代民间慈善组织了。②

总体而言，这一时期中国第一次在根本大法即《宪法》中规定了公民的社会救助权利，政府亦在尝试构建面向各类贫困者的社会救助政府机制，虽然并没有构建专门的农村老年救济制度，采取的亦多是临时性救济措施，但总体而言比较有效地缓解了农村老年贫困群体的生活困境，标志着新中国现代农村老年社会救济机制的初步形成。

---

① 肖金明：《老年人社会救助研究》，山东大学出版社 2015 年版，第 151 页。
② 周秋光、曾桂林：《中国慈善史》，人民出版社 2006 年版，第 368 页。

（二）社会主义全面建设时期

1956~1977 年此 20 余年，中国农村老年社会救济制度机制的建设继续进行，这一时期工作的一大亮点是创立和发展了"五保"制度。1956 年全国人大一届三次会议通过了《高级农业生产合作社示范章程》，该章程第五十三条规定："农业生产合作社对于缺乏劳动力或者完全丧失劳动力、生活没有依靠的老、弱、孤、寡、残疾的社员，在生产上和生活上给以适当的安排和照顾，保证他们的吃、穿和柴火的供应，保证年幼的受到教育和年老的死后安葬，使他们生养死葬都有依靠。"后来，就把无劳动能力、无生活来源、无法定抚养人或无法定抚养人丧失劳动能力的人员称为"三无人员"，对给予"三无人员"以保吃、保穿、保燃料、保教和保葬的制度简称为"五保"制度，享受"五保"的农民则简称为"五保户"。

"五保"制度建立后即得到迅速发展，成为农村老年社会救济体系的核心内容，此外一些地方开始兴办敬老院，以解决一些孤寡老人无人照料的问题。1958 年 12 月，中共中央通过了《关于人民公社若干问题的决议》，该决议提出应当使人民公社收入中用于消费的部分包括公共福利等逐年有所增加，要办好敬老院，为"五保"老人提供一个较好的养老场所。自此之后，全国各地区农村大力建设敬老院。至 1958 年底，全国共兴办敬老院 15 万所，收养老人达 30 多万。[①] 由此，"五保"制度形成了两种供养方式，即分散供养和集中供养，分散供养是让"五保"老人在其自家或分散在受委托人家里并由受委托人进行照料赡养，集中供养是把"五保"老人集中在由人民公社提供经济保障的敬老院进行供养。

1956 年 1 月 26 日，《人民日报》以"草案"的形式首次公开发表

---

① 民政部政策研究室编：《中国农村社会保障》，中国社会出版社 1997 年版，第 71 页。

《1956 年到 1967 年全国农业发展纲要》（以下简称《纲要》），几经修改后于 1960 年 4 月全国人大二届二次会议讨论通过并公开发布。该《纲要》明确提出，农村要实行'五保'制度，农村集体经济组织要对缺乏劳动力、生活没有依靠的鳏、寡、孤、独社员在生活上给以适当的照顾，使他们的生、养、死、葬都有指靠。该《纲要》颁行后，进一步推动了"五保"制度的发展。与此同时，由农村集体经济提供经费支持的农村合作医疗制度（俗称"旧农合"）开始发展起来，成为解决农村农民医疗问题的有效手段，也促进了对"五保"老人的医疗救助。因此，随着农村集体经济与社会救济工作的发展，"五保"制度后来又增加了"保医""保住"等内容。

可以看出在社会主义全面建设时期，"五保"供养制度的建立和发展是最突出的农村老年社会救助制度创新。另外，这一时期农村社会救济的一大突出特点是，救济的责任主体是农村集体经济组织。对于"五保"老人，救助责任主体是农村集体经济组织即农业合作社；对于其他农村困难人员的救济，则主要采取农村集体经济组织为主、国家救济为辅的救助方式。当时农村的这种救济体制对保障农村贫民灾民的生存和生活起到了比较重要的作用。不过，在片面强调国家、集体包办福利救济的社会理念下，纯粹意义上的民间慈善救助组织及其救助活动几乎消失殆尽，由此导致农村贫困老年救济主体单一、救助覆盖面窄、救济力度较小等问题，这种状况持续到改革开放后才得以改善。

二、改革开放后的农村老年社会救助

党的十一届三中全会后，家庭联产承包责任制在农村得到普遍推行，人民公社体制逐渐瓦解，由此农村集体经济组织所能给予农民的生活保障功能日益衰微，农村社会救济问题开始成为突出的社会问题。因此，在20世纪80年代，农村贫困救济是这一时期我国社会救济工作的重点。至90年代，由于国企改革的深化，城市贫困现象加剧，社会救助改革与制度建设的重点转向城市。进入21世纪后，随着城乡差距的持续扩大与农村人口老龄化、空巢化问题的凸显，农村的社会救助尤其农村老年人的救助问题日益成为社会关注的热点。总体而言改革开放后，农村老年社会救助制度机制建设主要围绕"五保"及最低生活保障等工作展开，对农村老年人的救助经历了从农村集体经济供养到国家公共财政救助的转型，并形成了以"五保"、低保为核心包括医疗救助等多项专项救助在内，社会力量参与的农村老年社会救助体系框架。

（一）农村内部的互助共济到部分国家公共救助

这一阶段大致从1978年至2005年。"文化大革命"结束后民政相关部门及其工作得到恢复，社会救助工作进入发展轨道。1978年3月，第五届全国人大第一次会议批准恢复设立民政部。之后，民政部设置了农村社会救济司等7个司局级单位，同时各级政府的民政部门也迅速建立了社会救助工作机构。此后，相关部门积极展开了社会救助机制建设，包括对农村老年人的社会救助机制建设。在这一阶段，农村老年人的社会救助机制建设主要是恢复和调整"五保"供养制度。

1979年后，农村开始推行以家庭联产承包为主的生产体制改革。五年后，全国实行家庭联产承包责任制的农户占到总农户数的90%以上，以"政社合一"为特征的人民公社体制基本消亡，农村集体经济亦基本瓦解。由此，农村的"五保"供养工作失去了所依存的体制框架及物质基础，导致在较长一段时期缺乏稳定的经费来源，相当比例的"五保"老人缺乏基本生活保障。1985年，国务院发布《关于制止向农民乱派款、乱收费的通知》，该通知明确乡和村优待烈军属、供养五保户等事业的费用，原则上应当以税收或其他法定的收费办法来解决。在这一制度建立之前，应按照中共中央 1984 年一号文件的规定，实行收取公共事业统筹费的办法。1991 年国务院发布《农村承担费用和劳务管理条例》，该条例第八条指出，乡统筹可以用于五保户供养，五保户供养从乡统筹费中列支的，不得在村提留中重复列支。1994 年 1 月，国务院发布《农村五保供养条例》（以下简称旧《条例》），条例详细规定了"五保"供养的性质、对象、内容、标准、经费来源等，强调经费应当"从村提留或乡统筹费中列支"，"在有集体经营项目的地方，可以从集体经营收入或利润中列支"。为了推动集中供养，1997 年民政部颁发了《农村敬老院管理暂行办法》，该办法规定敬老院所需经费实行乡镇统筹，村办敬老院所需经费由村公益金解决。旧《条例》和《农村敬老院管理暂行办法》的颁行，使农村老年社会救助工作逐步走上制度化、规范化的道路。

1994 年国家推行分税制改革，基层财政困难，尤其是被打包安排计划生育、优抚支出、五保供养及村办公经费等开支的乡镇统筹费用吃紧，因此很多地方的"五保"供养经费被挤占。2002 年我国全面推开农村税费改革，为降低农民负担，取消了过去的村提留、乡镇统筹以及其他针对农民征收的行政事业性收费等。为了确保农村税费改革后"五保"供养工作的经费来源，2004 年，民政部等三部委联合发出《关于进一步做好农村五保供养工作的通知》，该通知明确规定："除保留原由集体经营收入开支的以外，从农业税附加收入中列支；村级开支确有困难的，乡镇财政给予适当补助。免征、减征农业税及其附加后，原从农业税附加中列支的五保供养资金，列入县乡财政预算。地方在安排使用农村税费改革转移支付资金时，应当确保五保供养资金的落实，不得截留、挪用。"由此，我国农村"五保"工作的融资政策发生了转变，改革前作为"五保"工作主要经费来源的村提留和乡镇统筹被农业税和农业税附加或县乡财政经费所取代，国家征税及财政转移支付开始成为"五保"工作资金来源的渠道之一，标志着农村"五保"供养由之前的集体供养过渡到部分国家公共救助阶段。

（二）部分国家救助发展到全部国家救助，多层次救助体系建立

2007 年党的十七大提出了完善城乡社会救助体系的目标，即到 2010 年在全国建立以低保和救灾救助为基础、以各专项救助为辅助、以社会互助为补充，政府责任明确、社会广泛参与的新型城乡社会救助体系。此后，我国农村老年社会救助机制建设取得了突出成就："五保"制度实现了由之前的集体经济支持到国家公共财政负责的历史性转变、建立了农村最低社会保障制度以及多层次救助体系框架的形成。

2006 年 1 月，我国宣布全面废止农业税。同年国务院公布新修订的《农村五保供养工作条例》（以下简称新《条例》），该条例的第十一条规定，农村"五保"供养资金在地方人民政府财政预算中安排，财政困难地区的"五保"供养工作由中央财政予以补助。有农村集体经营等收入的地方，可以从农村集体经营等收入中安排资金，用于补助和改善农村"五保"供养对象的生活。该规定将农村五保老人纳入了国家公共财政的救助范围，从而实现了"五保"供养从最初的农村集体内部的互助共济、后来的部分国家公共救助到此后的基本由国家公共财政供养的现代社会救助体系的划时代的、里程碑性转变。新《条例》还对农村"五保"供养的审批与监督管理、"五保"供养标准的自然增长机制、"五保"供养服务机构建设与管理等内容进行了修改和规定，其颁布标志着与社会主义市场经济体制相适应的新型"五保"制度的确立。

虽然农村"三无"老人依法由"五保"制度予以保障，但他们的数量只占农村贫困老年人群的很小一部分，绝大多数的其他农村贫困老年人主要依靠子女或亲友的接济，缺乏稳定的生活保障。因此，除了改革与完善"五保"制度之外，这一时期农村社会救助制度建设的另一个重点是构

建农村最低生活保障制度。在经历 15 年的试点探索之路后，2007 年国务院颁布《关于在全国建立农村最低生活保障制度的通知》（以下简称《通知》），该文件决定 2007 年在全国建立农村最低生活保障制度，并指出这是解决农村贫困人口温饱问题的重要举措，也是建立覆盖城乡的社会保障体系的重要内容。至 2007 年 9 月底，全国 31 个省（自治区、直辖市）、2777 个涉农县（市、区）全部建立农村最低生活保障制度。① 该《通知》的第三部分指出，农村最低生活保障对象是家庭年人均纯收入低于当地最低生活保障标准的农村居民，主要是因病残、年老体弱、丧失劳动能力以及生存条件恶劣等原因造成生活常年困难的农村居民。从文件可以看出，农村"低保"对象涉及农村所有贫困群体包括"三无"老人。不过在救助工作实践中，农村"三无"老人这个贫困群体是被单列出来由"五保"制度予以保障的，其他农村贫困老人则由农村最低社会保障制度予以保障。另外，该《通知》的第五部分规定，农村最低生活保障资金的筹集以地方为主，地方各级人民政府民政部门要根据保障对象人数等提出资金需求，经同级财政部门审核后列入预算，中央财政对财政困难地区给予适当补助。至此，农村所有老年贫困群体均被纳入政府的公共财政救助体制之内，从而弥补了农村缺乏政府公共财政支持的老年社会保障制度空白，有利于打破计划经济年代所形成的老年社会保障城乡二元体制。

除了"五保"制度与最低生活保障制度这些日常救助制度的建设之外，这一阶段政府还大力推进专项救助与临时救助项目的设置。2003 年，政府正式启动农村医疗救助项目，该项目主要针对农村"五保"与"低保"人员，也包括地方政府规定的其他符合条件的贫困农民。至 2008 年，全国所有县（市、区）建立了城乡医疗救助制度，实现了医疗救助制度

---

① 吴月辉：《城乡老百姓都有了低保》，《人民日报（海外版）》，2008 - 08 - 16（5）。

在城乡区域的全覆盖。① 与此同时，为解决（老年）贫困人员所面临的住房、法律和其他临时性、突发性困难，民政部门联合其他职能部门逐步建立实施了住房救助及司法援助等专项救助项目。另外从 2007 年起，民政部探索在全国建立临时生活救助制度，该制度主要针对因突发性事件或家庭刚性支出而陷入临时贫困的人员。2014 年 10 月，国务院发布《关于进一步建立健全临时救助制度的通知》，临时救助制度得以在全国推进。另外，涉及公益慈善事业的法律法规以及政策性文件如《中华人民共和国公益事业捐赠法》《社会团体登记管理条例》等的颁行，促进了社会救助工作的社会力量参与。至此，我国形成了以"五保""低保"为核心、以各专项救助和临时救助为辅助、以社会互助为补充的多层次农村老年社会救助机制体系。

（三）农村老年社会救助机制体系的整合

近年来，随着各项相关法律法规如《老年人权益保障法》《妇女权益保障法》《社会救助暂行办法》《慈善法》以及一些地方性法规规章的颁布、修订，农村老年社会救助机制体系得到了进一步的整合。

1992 年 4 月第七届全国人大常委会通过《妇女权益保障法》，该法于 2018 年 10 月得到第二次修正。虽然父权制在民国时代已经被废止，但在乡村社会尤其农村家庭中，老年女性无论在经济地位还是社会地位方面相较于（老年）男性，都处于一定的劣势状态。因此，《妇女权益保障法》的颁行、修订意在加强对农村老年妇女的保护和关怀，并为救助农村老年妇女提供了法律依据。为保障促进所有老年人的合法权益，发展老龄事业，弘扬中华民族敬老、养老、助老的美德，我国于 1996 年颁布了《老

---

① 林闽钢：《我国社会救助体系发展四十年：回顾与前瞻》，《北京行政学院学报》，2018 年第 5 期。

年人权益保障法》。该法规定，老年人有从国家和社会获得物质帮助的权利、有享受社会服务和社会优待的权利以及参与社会发展和共享发展成果的权利。这些权利所涉及的经济援助、照料服务、社会参与以及司法援助等内容都是国家和社会为老年人所提供的物质帮助内容和救助方式。2018年《老年人权益保障法》进行了第四次修改，进一步增强了针对性和适用性，为农村老年社会救助工作提供了更具操作性的制度依据。

2014年2月，国务院颁布《社会救助暂行办法》（以下简称《暂行办法》），《暂行办法》构建了一个由民政部门统筹，卫生计生、教育、住房城乡建设、人力资源社会保障等部门以及社会力量共同参与治理的社会救助体系，表明该社会救助体系含有最低社会保障、特困人员供养（主要针对"三无人员"）、灾害救助、医疗救助、教育救助、住房救助、就业救助及临时救助等救助制度，并具体规定了各项救助制度的实施内容。《暂行办法》颁布之前，我国（农村老年）社会救助的相关立法不仅少、立法层次低而且零散化，导致（农村老年）社会救助制度的碎片化。制度的碎片化往往导致相关部门在社会救助工作中的无所适从，（农村老年）贫困人员的基本生存权利也难以得到有效保障。《暂行办法》将碎片化、零散化的社会救助法律整合为一个统一性的行政法规，标志着我国（农村老年）社会救助（至少）在形式上的体系化已经完成。2014年10月3日，根据《暂行办法》有关规定，国务院以国发〔2014〕47号文下发了《关于全面建立临时救助制度的通知》，决定全面建立临时救助制度。《慈善法》于2016年颁布实施，是新中国第一部规范社会慈善活动的国家立法，有助于激发慈善组织与个人活力、增强全社会慈善意识，从而促进社会互助。

除了中央层面的社会救助运制建设之外，各地方基于贯彻中央精神、关注民生和解决地方贫困等问题的考虑，制定实施了相应的涉及（农村老年）社会救助的法规与政府规章等。在地方性法规层面，如《浙江省社会救助条例》（2014 年）、《广东省社会救助条例》（2017 年）、《广东省老年人权益保障条例》（2017 年）、《南京市城乡居民最低生活保障条例》（2010 年）等都将老年人作为重点救助对象，体现出对老年人救助工作的重视。在地方政府规章层面，如《山东省社会救助办法》（2014 年）、《河北省老年人优待办法》（2014 年）、《甘肃省农村居民最低生活保障办法》（2013 年）与《陕西省农村五保供养服务机构管理办法》（2014 年）等。另外，针对专项救助的地方性法规与政府规章也包含了对老年人救助的内容。例如，《辽宁省法律援助条例》（2017 年）第 7 条规定，因经济困难没有委托代理人的，可以就发放救济金、赡养费、扶养费、老年人人身损害赔偿等事项向法律援助机构申请法律援助；《西安市医疗救助办法》（2018 年）第 3 条规定，医疗救助的重点救助对象为特困供养人员和"低保"对象。

（四）脱贫攻坚战略的推进与农村贫困老年救助

2015 年 11 月 29 日，中共中央、国务院颁布《关于打赢脱贫攻坚战的决定》（以下简称《决定》）。《决定》提出，坚持精准扶贫的基本原则，实施精准扶贫方略，使贫困人口通过产业扶持、转移就业、易地搬迁、教育支持、医疗保障等措施实现脱贫，其余完全或部分丧失劳动能力的贫困人口实行救助兜底。《决定》颁行后，一些地方政府进一步创新针对农村老年贫困群体的扶贫模式，精准助力贫困老年人脱贫。

内蒙古林西县通过积极实施移民互助、"低保"兜底、孝扶共助、光伏养老、土地流转等组合方式帮助农村贫困老年人脱贫，创新农村老年社会救助机制。例如，林西县建立"孝扶共助"扶贫基金，以基金激励与履行义务相结合的方式让贫困老年人子女自觉孝敬老人，如果子女不参与该扶贫工程，则其父母不可享受"孝扶共助"政策与资金。除此之外，林西县还建立了产业脱贫基金，为贫困人口包括部分老年贫困人口每人提供 1 万元的产业基金支持。在农牧业产业结构调整中，林西县鼓励和引导贫困老年人向龙头企业和有实力的合作社集中联片流转土地，使贫困老年人在土地流转中每年获得稳定的财产性收入，摆脱了自身能力不足、发展能力不强的困境。

精准脱贫，产业是根本。陕西省宝鸡市渭滨区为提高和巩固贫困老人户的脱贫质量，在"户分四类"的基础上通过靶向政策，进一步明确了产业帮扶措施。例如，为了让 77 岁村民魏生昌家稳脱贫不返贫，渭滨区先后扶持他家发展多项扶贫产业，还引进一家农业公司流转了他家土地。再加上每月的养老金、高龄补贴等，魏生昌老人及其家庭实现了稳固脱贫。除此之外，渭滨区持续开展深化"老人回家"促脱贫系列文化宣传活动，通过广泛开展文明家庭、星级文明户、好孝子等评选活动，引领社会尤其贫困老年人子女孝敬和赡养老人。江西省安义县大力实施"公司+基地+农户"和"支部+合作社+贫困户"模式，解决贫困老年人由于劳动力不足而造成的土地闲置问题，每年稳定的土地出租收入加上"低保"（或特困救助）金，使得贫困老年人每年收入可达上万元。

可见，随着脱贫攻坚战略的推进，原先单一的"输血型"农村老年社会救助机制，已经转变为复合式多层次的老年扶贫机制。其中"开发式扶贫"构成新时代老龄化社会的重要"助老"方式之一。开发式助老扶贫即利用社会帮扶不断激活农村低龄、健康老年人的自我脱贫、自我发展的潜力，是积极应对人口老龄化问题、助力老年人实现"老有所养"与"老有所为"有机结合的根本途径。

三、农村老年社会救助的系列机制及其内容

新中国成立至今，我国并没有颁布专门的老年社会救助立法，然而随

着社会救助相关法治进程的不断深化以及社会救助制度的不断完善，我国事实上已经形成包括特困救助（"五保"）、最低生活保障、医疗救助、住房救助、法律援助、临时救助、灾害救助、就业救助和社会力量参与的"8+1"农村老年社会救助体系，与此同时形成了该制度体系的系列运行机制，为实现法律所规定的农村贫困老年人权益提供了系列机制保障。该制度体系的系列运行机制包含以下五个核心机制：

（一）农村老年社会救助的需求表达机制

"需求"是一个应该与"需要"区分开来的概念。"需要"是有机体感到某种缺乏而力求获得满足的心理倾向，它源于自然性和社会性要求，表现为物质需要和精神需要；"需求"是指人们在"需要"的欲望驱动下的一种有条件的、可行的且最优的选择，这种选择使"需要"的欲望达到有限的最大满足。因此，"需求"比"需要"的层次更高，涉及的因素不只是内在的，还包括外在的满足条件。社会救助制度本质上是一个对社会财富进行再分配的制度，因此在对社会救助的供需状况进行分析时，宜采用经济学的分析工具即需求与供给理论，而非需要与供给理论。由此，有效的农村老年社会救助需求表达机制，即是在现有制度和财力框架下，通过赋予农村老年贫困群体或者相关者合法的话语权，使得他们通过直接或间接的渠道，充分表达对社会救助供给数量与供给质量的需求信息，再通过政府回应力求使这些需求得到及时、有效反馈的制度规范。

《社会救助暂行办法》《特困人员认定办法》等确定了农村老年社会救助需求表达的主体和途径。《社会救助暂行办法》第二章第十一条指出，由共同生活的家庭成员向户籍所在地的乡镇人民政府提出"低保"书面申请，家庭成员申请有困难的可以委托村民委员会代为提出申请；《特困人员认定办法》第三章第十条规定，如需申请特困人员供养，由本人向户籍所在地的乡镇人民政府提出书面申请，本人申请有困难的可以委托村民委员会或者他人代为提出申请。基于以上规定，我国农村老年救助领域形成了一种韦伯式政府科层组织层层传递的需求表达程序机制，即由申请者通过村委会或基层政府向上一级有相关决策权的政府部门反映其救助需求信息，上级政府部门再根据系列程序对该救助需求进行调研、反馈，最后传达到基层政府进行处理。

（二）　农村老年社会救助的资金筹集机制

社会救助是一种具有非排他性和非竞争性的公共产品，因此世界各国的社会救助均主要由政府机制来提供，其资金亦主要来源于政府公共财政。我国的现代农村老年社会救助亦不例外。例如，《农村五保供养工作条例》《国务院关于进一步健全特困人员救助供养制度的意见》（国发〔2016〕14号）① 均明确，供养资金在地方人民政府财政预算中安排，县级以上地方人民政府要将政府设立的供养服务机构运转费用、特困人员救助供养所需资金列入财政预算，中央财政给予适当补助。2007年发布的《国务院关于在全国建立农村最低生活保障制度的通知》（国发〔2007〕19号）第五条指出，"农村最低生活保障资金的筹集以地方为主，省级政府要加大投入……中央财政对财政困难地区给予适当补助。"

按照民政部、卫生部、财政部三部委联合发布的《关于实施农村医疗救助的意见》（民发〔2003〕158号）中关于救助基金筹集的规定是，农村医疗救助基金主要通过各级财政拨款和社会各界自愿捐助等多渠道筹集。2003年9月开始实施的《中华人民共和国法律援助条例》第三条即指出，"法律援助是政府的责任，县级以上人们政府应当采取积极措施推动法律援助工作，为法律援助提供财政支持。"关于住房救助资金来源，

---

①　该文件是根据《社会救助暂行办法》《农村五保供养工作条例》，就进一步健全城乡"三无"人员救助供养制度提出的意见。该文件出台后，农村"五保"（"三无"）人员、城市"三无"人员被统称为特困人员。

《社会救助暂行办法》第四十一条规定："各级人民政府按照国家规定通过财政投入、用地供应等措施为实施住房救助提供保障。"国发〔2014〕47号文指出，临时救助资金要列入地方各级人民政府财政预算；城乡居民低保资金有结余的地方，可安排部分资金用于低保对象的临时救助支出。中央财政对地方实施临时救助制度给予适当补助，重点向救助任务重、财政困难、工作成效突出的地区倾斜。

除了明确规定政府公共财政在社会救助资金筹集中的主体性责任，相关法律法规等亦鼓励社会力量积极捐赠以支持社会救助事业发展。例如《社会救助暂行办法》第二十五条指出，国家鼓励单位和个人等社会力量通过捐赠等方式，参与社会救助。国发〔2016〕14号文指出要坚持社会参与的基本原则，鼓励、引导、支持社会力量通过慈善捐赠以及提供志愿服务等方式，为特困人员提供服务和帮扶，形成全社会关心、支持、参与特困人员救助供养工作的良好氛围。基于上述法律法规，我国在农村老年社会救助领域构建了以政府公共财政为主要资金来源，同时接受各界社会力量慈善捐赠的多元化筹资机制。

（三）农村老年社会救助的对象确定机制

社会救助与社会保险、社会福利构成社会保障体系的基本组成部分。社会保险的权利与义务是对等的，要成为社会保险的保障对象须先履行缴费义务；社会福利与社会救助对象权利的获得，则均无须履行缴费义务。2007年，民政部提出中国将加快社会福利模式由"补缺型"向"适度普惠型"转变，因此当前我国的社会福利倾向于采用"普遍性"原则来确定保障对象。与社会福利领域采用"普遍性"原则不同的是，社会救助对象是有"选择性"的，要获得社会救助必须通过"家庭经济核查"，即通过"家计调查"来遴选出符合制度规定的保障对象。

《农村五保供养工作条例》、国发〔2016〕14号文均明确规定"三无"老人为制度的重要供养对象，民政部印发的《特困人员认定办法》（民发〔2016〕178号）则就特困人员的"三无"认定标准、"三级审核"申请程序等作了进一步的详细规定。民发〔2016〕178号文第二十七条规定，对终止救助供养的原特困人员，符合最低生活保障、医疗救助、临时救助等其他社会救助条件的，应当按规定及时纳入相应救助范围。国发〔2007〕19号文第三部分规定"农村最低生活保障对象是家庭年人均纯收入低于当地最低生活保障标准的农村居民"，第四部分规定申请者的"低保"资格申请须经"三级审查"和"三榜公示"①，通过后才能确定救助资格。

民发〔2003〕158号文指出，农村医疗救助对象是农村五保户、农村贫困户家庭成员或地方政府规定的其他符合条件的农村贫困农民。与"低保"资格审核机制相似，申请者的申请须经过"三级审查"后方能确定救助资格。《社会救助暂行办法》对其他救助项目如灾害救助、住房救助等的保障对象的界定与核定，均做出了相应的规定。国发〔2014〕47号文规定，临时救助的保障对象为因意外事故、公共突发事件或其他特殊困难而导致基本生活暂时出现严重困难的个人或家庭。临时救助资格的确定亦须经过"三级审查"和村委会公示，情况紧急的应先行救助，紧急情况解除之后应按规定补齐审核审批手续。

（四）农村老年社会救助的待遇给付机制

农村老年社会救助待遇给付，是指社会救助经办机构根据社会救助相

---

①　三级审查程序为：申请者（一般由户主本人）提交申请后，村民委员会对申请人开展家庭经济状况调查、组织村民会议或村民代表会议民主评议后提出初步意见，报乡（镇）人民政府；乡（镇）人民政府审核后，报县级人民政府民政部门审批。"三榜公示"是指，村民委员会、乡（镇）人民政府以及县级人民政府民政部门依法对最低生活保障对象的申请情况和对最低生活保障对象的民主评议意见，以及审核、审批意见与实际补助水平等情况进行的公示。如果对公示有异议的还要进行复核。

关法律法规的规定，按一定的标准和方式向保障对象支付待遇的过程。农村老年社会救助待遇给付是农村老年社会救助目的得以实现的关键性环节，只有在享受到待遇支付之后，农村老年贫困人员的社会救助权益才真正实现。

现行的社会救助相关法律法规明确了农村老年社会救助的待遇给付机制。根据《国务院关于进一步健全特困人员救助供养制度的意见》及民政部印发的《特困人员认定办法》（民发〔2016〕178 号），特困人员救助供养标准相比《农村五保供养工作条例》中的规定有所创新，即调整为按照需求来制定，包括基本生活标准和照料护理标准；特困供养基本生活标准不低于当地"低保"标准的 1.3 倍，照料服务标准则依据特困人员的生活自理能力来定。国发〔2007〕19 号文确定了农村"低保"的内容与标准，即"农村最低生活保障标准由县级以上地方人民政府按照能够维持当地农村居民全年基本生活所必需的吃饭、穿衣、用水、用电等费用确定，并报上一级地方人民政府备案后公布执行。农村最低生活保障标准要随着当地生活必需品价格变化和人民生活水平提高适时进行调整"。《社会救助暂行办法》规定了（农村）最低生活保障金按"补差"原则进行给付，即按照共同生活的家庭成员人均收入低于当地最低生活保障标准的差额，按月发给最低生活保障金。国发〔2014〕47 号文指出，临时救助标准要与当地经济社会发展水平相适应，县级以上地方人民政府要根据救助对象困难类型、困难程度，统筹考虑其他社会救助制度保障水平，合理确定临时救助标准，并适时调整。

根据《关于实施农村医疗救助的意见》（民发〔2003〕158 号），实施基本医疗保险制度情况不同的地区，其医疗救助金补助标准和方法亦有所不同，但医疗救助对象全年个人累计享受医疗救助金额原则上不超过当地规定的医疗救助标准，对于特殊困难人员可适当提高医疗救助水平。《社会救助暂行办法》规定了"低保"、"五保"（特困救助）、救灾救助以及各专项救助待遇的给付内容、标准和方法。例如关于住房救助，《社会救助暂行办法》第七章指出，国家对符合规定标准的住房困难的最低生活保障家庭、分散供养的特困人员给予住房救助，住房困难标准和救助标准由县级以上地方人民政府根据本行政区域经济社会发展水平、住房价格水平等因素确定、公布，住房救助通过配租公共租赁住房、发放住房租赁补贴、农村危房改造等方式实施。其他专项救助的待遇给付标准和方式与住房救助大致类似。

（五）农村老年社会救助的管理运行机制

科学的管理运行机制是保障和促进农村老年社会救助有效供给的制度机制基础。根据农村老年社会救助工作的特点，其管理运行机制包括多元供给主体参与及协作机制、与其他农村养老保障制度的衔接转换机制以及适合农村老年救助工作的激励机制和监督机制，这四个机制共同构成农村老年社会救助管理运行工作的系列机制。

根据《社会救助暂行办法》《慈善法》《农村五保供养工作条例》等社会救助相关法律法规的精神，农村老年社会救助工作领域已经构建了基本的多元供给主体参与及协作机制。例如《社会救助暂行办法》第三条规定，国务院民政部门统筹全国社会救助体系建设，国务院民政、卫生计生、教育、住房城乡建设、人力资源社会保障等部门，按照各自职责负责相应的社会救助管理工作；第五条规定，县级以上人民政府应当将社会救助纳入国民经济和社会发展规划，建立健全政府领导、民政部门牵头、有关部门配合、社会力量参与的社会救助工作协调机制。《农村五保供养工作条例》第四条指出，国家鼓励社会组织和个人为农村"五保"供养对象和农村"五保"供养工作提供捐助和服务。《慈善法》则为鼓励和规范社会组织和个人从事慈善救助活动提供了法律保障。

农村老年社会保障制度包括农村老年社会福利制度、农村老年社会保险制度和农村老年社会救助制度。农村老年社会救助制度是为农村贫困老年人的基本生存提供兜底保障的制度；农村老年社会保险制度基于权利与义务对等原则实施，目的是保障农村老年人的基本生活需要；农村老年社会福利制度是农村老年社会保险制度的延续和提高，目的在于进一步满足农村老年人的物质文化生活需要。三项制度所提供的保障内容和水平不同，但共同为所有农村老年人构筑了一整套风险保障体系。然而，要使农村老年人相关风险得到有效保障且制度运行成本合理，必须构建这三项制度间的衔接转换机制。《社会救助暂行办法》第一章"总则"的第二条指出，社会救助制度坚持托底线、救急难、可持续，与其他社会保障制度相衔接；第三十二条规定，疾病应急救助制度应当与其他医疗保障制度相衔接。国务院于2014年印发的《关于建立统一的城乡居民基本养老保险制度的意见》第八条指出，城乡居民养老保险制度与城乡居民最低生活保障、农村五保供养等社会保障制度以及农村部分计划生育家庭奖励扶助制度的衔接，按有关规定执行。以上法律法规的相关内容为构建农村老年社会救助制度与其他农村老年社会保障制度间的衔接转换机制提供了法律依据。

关于农村老年社会救助工作的激励问题，《社会救助暂行办法》《老年人权益保障法》以及民政部等部门颁发的相关文件均做出了相应规定。《社会救助暂行办法》第一章第八条指出："对在社会救助工作中作出显著成绩的单位、个人，按照国家有关规定给予表彰、奖励。"《老年人权益保障法》第四十七条规定："国家建立健全养老服务人才培养、使用、评价和激励制度，依法规范用工，促进从业人员劳动报酬合理增长，发展专职、兼职和志愿者相结合的养老服务队伍。"《国务院关于进一步健全特困人员救助供养制度的意见》指出，中央财政对特困人员救助供养工作的补助原则是向特困人员救助供养任务重、财政困难、工作成效突出的地区倾斜。2017年民政部、财政部联合印发了《困难群众基本生活救助工作绩效评价办法》，该办法指出要运用科学合理的评价方法、指标体系和评价标准，全面客观衡量各省（自治区、直辖市）年度基本生活救助工作的质量和效果，评价范围包括最低生活保障、特困人员救助供养和临时救助。

《社会救助暂行办法》《民政部关于建立健全社会救助监督检查长效机制的通知》与《农村五保供养工作条例》等法律法规对农村老年社会救助工作的监督主体、监督内容及监督途径做出了规定。例如《社会救助暂行办法》第五十七条规定，县级以上人民政府及其社会救助管理部门应当加强对社会救助工作的监督检查，完善相关监督管理制度；县级人民政府及其社会救助管理部门应当通过公共查阅室、资料索取点、信息公告栏等便于公众知晓的途径，及时公开社会救助资金、物资的管理和使用情况，接受社会监督。第六十三条规定，履行社会救助职责的工作人员行使职权应当接受社会监督，任何单位、个人有权对履行社会救助职责的工作人员在社会救助工作中的违法行为进行举报投诉，受理举报投诉的机关应当及时核实处理。第六十四条规定，县级以上人民政府财政部门、审计机关依法对社会救助资金、物资的筹集、分配、管理和使用实施管理和监督。

四、小结

新中国建立后，我国的农村老年社会救助开始了其现代化的发展历程。新中国建立初期，针对战后灾民、贫民、流民规模庞大的状况，新中国政府及时出台大量临时性救助措施，以安定民心、稳定社会秩序。进入全面建设社会主义时期后，政府开始着力进行社会救助的制度建设，这种制度建设是根基于1954年新中国颁布的第一部《宪法》所规定的公民社会救助权利。但是由于城乡二元的社会救助体制，以及取缔了民间社会救助组织及其活动，农村老年社会救助项目单一、救助水平低、覆盖面窄等问题比较突出。改革开放后，随着我国经济社会发展水平的不断提高，农村老年社会救助事业得到了快速发展，至今已经构建了比较完善的"8+1"现代化农村老年社会救助体系，同时形成了该制度体系的一系列运行机制，保障了该制度体系的顺利运行。

第四章 农村老年社会救助供需的调查设计及结果

如前文所述，我国已经建设了一个"8+1"农村老年社会救助制度体系。根据该制度体系的相关规定，符合资格条件的农村贫困老年人均可享受诸如农村特困救助、"低保"、各专项救助以及临时救助等项目的保障，由此社会救助制度在保障农村贫困老年人基本生活方面发挥了重要作用。然而，随着我国人口老龄化的快速与深度发展，农村老年贫困者绝对数量及占总人口比例未来将持续上升，加之经济社会发展水平的不断提升，由此农村老年社会救助的需求数量和需求结构会随之发生变化。因此，本研究了解农村贫困老年人的生活状况、存在的困难与现实需求，以及相关社会救助主体对农村老年社会救助的供给情况，设计并实施了针对农村老年社会救助供给主体与需求主体的问卷调查与深度访谈，以了解农村老年社会救助的供需现状。

一、农村老年社会救助供需抽样调查的设计

（一）调查时点、范围、抽样方法、对象、样本量及代表性

从 2016 年 7 月至 2019 年 9 月，本研究关于农村贫困老年人救助供需状况的抽样调查历经时间三年有余。由于人力财力的限制，本调查只涉及

江西、广西、贵州、江苏、山东、云南、浙江和新疆 8 省（自治区）的 10 个市的 20 个县（自治州）的 40 个乡镇，农村老年需求状况调查涉及其中 240 个村委的 1200 位农村贫困老人，农村老年社会救助供给状况调查则涉及其中 38 个乡镇社会救助机构的 76 位工作人员。

　　农村老年社会救助需求个人调查对象，为调查时点年满 60 周岁的农村老年贫困人员。本调查采用分层抽样法，首先，按照经济发展水平把每个市的所有县（自治州）按高低分两个层次，从每个层次中各抽出一个县（自治州）；其次，把每个县（自治州）的所有乡镇按高低分两个层次，从每个层次中各抽出一个乡镇；最后，每个乡镇的所有村委分为高、中、低三个层次，从每个层次中抽出 2 个村委进行调查，每个村选择 5 位老人，其中特困救助（五保）老人 0~2 名，"低保"老人 3~5 名。入户调查样本户为 1200 户，发放个人问卷 1200 份，回收 1200 份。个人深度访谈 120 次，获得 120 份个人深度访谈资料。个案访谈对象并不限于获得救助资格的贫困老年人，有些是贫困老年人的子女、亲属或邻居；农村老年社会救助供给个人问卷调查对象是，前面所涉及的 38 个乡镇从事社会救助事务的工作人员，发放调查问卷 76 份，回收 76 份。对工作人员的深度访谈 76 次，获得 76 份工作人员深度访谈资料。

　　参与本次调查的人员包括该课题研究团队的所有人员以及几十位研究生和本科生，调查前对他们均进行了田野调查培训，使其能够协助被调查者有效完成问卷填写与深度访谈；该研究课题为调查提供了比较充裕的经费支持；采取的抽样方法比较科学，抽取的样本能够比较准确地反映所调查地区的农村贫困老年人生活状况及社会救助工作情况；调查基本在预定的时间内完成。

（二）调查内容

　　本研究的调查内容涉及农村老年社会救助需求和供给两方面状况。农村贫困老年人救助需求状况抽样调查包括两部分：一是农村贫困老年人生活状况个人问卷调查，二是关于农村社会救助需求的个案访谈。农村老年社会救助供给状况抽样调查也包括两部分：一是农村老年社会救助工作人员个人问卷调查，二是关于农村社会救助工作情况的个案访谈。

农村贫困老年人生活状况问卷涉及农村贫困老年人基本状况、家庭情况、健康医疗状况、照料护理服务状况、经济状况、住房状况、社会参与状况、维权状况、精神文化生活状况共九个方面；农村社会救助需求个案访谈，则是深入老年贫困者家庭，面对面访问老年贫困者或其家庭成员，主要了解他们是如何表达其救助需求、评价救助对象确定的依据与待遇给付机制是否合理，以及还有什么需求与相关建议等方面的问题；农村老年社会救助工作人员问卷内容包括工作人员的基本状况、工作条件与工作评价三大块；关于农村老年社会救助供给工作情况访谈，目的是了解基层救助主体在救助需求回应、对象界定、待遇供给、筹资及管理运行等方面工作的情况。下文所涉及的比例数据均为四舍五入后保留一位小数点的数据。

二、农村贫困老年人生活状况个人问卷调查的数据结果[①]

（一）基本状况

1. 性别：男性为 48.1%，女性为 51.9%。

2. 年龄：60~64 周岁为 29.2%，65~69 周岁为 24.6%，70~74 周岁为 17.8%，75~79 周岁为 13%，80~84 周岁为 10.2%，85 周岁以上

---

① 本调查问卷内容依据 "第四次全国城乡老年人生活状况抽样调查" 问卷内容稍作调整而成。

为 5.2%。

3. 文化程度：未上过学的为 36.3%，小学的为 41.6%，初中的为 15.1%，高中/中专/高职的为 8%，大学专科的为 0%，本科及以上的为 0%。

4. 政治面貌：群众占 91.3%，中共党员占 8.7%，民主党派占 0%。

5. 婚姻状况：有配偶的占 49.2%，丧偶的占 36.5%，离婚的占 1.3%，从未结婚的占 13%。

（二）家庭状况

1. 子女数：平均 3.4 个。

2. 同吃同住人员：配偶占 65.5%，儿子占 36.5%，（外、重）孙子女占 50.8%，儿媳占 23.2%，单独居住占 19.1%，女儿占 6%，女婿占 3.7%，（岳）父母占 1%，保姆占 0%，其他人占 2%。

3. 重大支出决策人：共同协商占 34.3%，自己占 33.1%，子女占 20.4%，配偶占 12.2%。

（三）健康医疗状况

1. 视力：非常清楚的占 10%，比较清楚的占 25.1%，一般的占 31.7%，不太清楚的占 30%，几乎/完全看不清楚的占 3.2%。

2. 听力：很难听清楚的占 10.3%，需要别人提高声音的占 40.6%，能听清楚的占 49.1%。

3. 每周锻炼次数：从不锻炼的占 54.8%，不到一次的占 19.1%，一次至两次的占 18.1%，三至五次的占 4%，六次及以上的占 4%。

4. 保健品：从来不吃的占 83.5%，偶尔吃的占 16.5%，经常吃的占 0%。

5. 所患慢性疾病：骨关节病占 61.5%，高血压占 33.3%，胃病占

29.1%，心脑血管占 25.1%，白内障/青光眼占 23.4%，慢性肺部疾病占 15.5%，哮喘占 9.1%，生殖系统疾病占 8.2%，糖尿病占 4.3%，其他慢性疾病占 6.1%，恶性肿瘤占 2.1%，都没有占 10.2%。

6. 调查前两周是否生过病：是占 31.6%，否占 68.4%。

7. 患病后的一般处置方式：找医生看病占 56.9%，自我治疗占 34%，未处置占 8.1%。

8. 患病后未加处置的原因：经济困难占 24.3%，自感病轻占 14.2%，没时间占 0%，行动不便占 14.1%，没人陪同占 10%，医院太远占 16%，就医麻烦占 18.6%，其他占 3%。

9. 享受医疗保障待遇情况：新型农村合作医疗保险占 70.9%，城乡居民大病保险占 10.3%，城乡居民基本医疗保险占 27%，城镇职工基本医疗保险占 0%，城镇居民基本医疗保险占 0%，职工大额医疗补助占 0%，公费医疗占 0%，其他占 0.9%，都没有占 1.9%。

10. 是否购买商业保险：是占 0%，否占 100%。

11. 对自己健康状况的评价：非常好占 2.1%，比较好占 15.1%，一般占 44.7%，比较差占 30.1%，非常差占 8%。

(四) 照顾护理服务状况

1. 日常生活状况。

(1) 吃饭：做得了的占 94.2%，有些困难的占 4.9%，做不了的占 0.9%。

(2) 穿衣：做得了的占 91.1%，有些困难的占 7.7%，做不了的占 1.2%。

(3) 上厕所：做得了的占 84.4%，有些困难的占 14.2%，做不了的占 1.4%。

(4) 上下床：做得了的占 88%，有些困难的占 10.5%，做不了的占 1.5%。

（5）室内走动：做得了的占 91.2%，有些困难的占 6.5%，做不了的占 2.3%。

（6）洗澡：做得了的占 73.4%，有些困难的占 23.4%，做不了的占 3.2%。

（7）做饭：做得了的占 62.1%，有些困难的占 24.1%，做不了的占 13.8%。

（8）洗衣：做得了的占 63.3%，有些困难的占 22.4%，做不了的占 13.3%。

（9）扫地：做得了的占 75%，有些困难的占 15.1%，做不了的占 9.9%。

（10）日常购物：做得了的占 59.9%，有些困难的占 20.1%，做不了的占 20%。

（11）上下楼梯：做得了的占 55.5%，有些困难的占 36.5%，做不了的占 8%。

（12）乘坐公交：做得了的占 55.2%，有些困难的占 23%，做不了的占 21.8%。

（13）提 10 公斤重物：做得了的占 30.1%，有些困难的占 34.5%，做不了的占 35.4%。

（14）打电话：做得了的占 55.9%，有些困难的占 17%，做不了的占 27.1%。

（15）管理个人财务：做得了的占 59.1%，有些困难的占 22%，做不了的占 18.9%。

2. 是否有失禁情况：大便失禁的占 4.6%，小便失禁的占 11.7%，都没有的占 83.7%。

3. 使用下列辅具用品情况：老花镜占 34.1%，拐杖占 22.3%，血压计占 21.1%，假牙占 15.7%，轮椅占 3.1%，助听器占 3%，血糖仪占 2.2%，成人尿不湿/护理垫占 1.9%，按摩器具占 0%，护理床占 0%，智能穿戴用品占 0%，其他占 0%，都没有占 51%。

4. 日常生活需要别人照料护理的情况。

（1）需要别人照料护理的比例为 27.1%，其中有人护理的比例为 70.5%。

（2）主要照料护理人：配偶占 47.5%，儿子占 26.1%，儿媳占 14.1%，女儿占 5%，女婿占 3%，孙子女占 2.1%，其他亲属或朋友邻居占 1.1%，养老机构人员占 1.1%，家政服务人员占 0%，医疗护理机构人员占 0%，志愿人员占 0%。

5. 如果需要，愿意在哪里接受照料护理服务：在家里占 83%，养老机构占 2%，白天在社区晚上回家占 5%，视情况而定占 10%。

6. 需要的社区老龄服务项目：上门看病占 51.2%，日间照料占 25.5%，康复护理占 23.1%，心理咨询/聊天服务占 23.1%，助餐服务占 21.3%，上门做家务占 20.1%，健康教育占 20%，老年辅助用品租赁占 5.9%，助浴服务占 5.9%，其他占 1.6%。

（五）经济状况

1. 自我经济状况评价：够用的占 15.1%，基本够用的占 40.8%，比较困难的占 35.1%，非常困难的占 9%。

2. 贫困老年人和老伴是否储存养老钱：5.9% 的老年人和老伴存有养老钱。

3. 社会养老保障：100% 的贫困老年人享有养老金，其中享有社会养老保险金的占比 21%，享有基础养老金的占比 100%。

4. 当年贫困老年人和老伴的其他收入：1.9% 的老年人有利息收入，21% 的老年人拥有土地出租（承包）收入，37.1% 的老年人获得过子女

（含孙子女们）给的钱（含实物），25.4%的老年人获得过其他亲戚给的钱（含实物）。

5. 从事理财投资活动：没有从事理财投资活动的占98.5%。

6. 是否拥有属于自己（或老伴）产权房子：33%拥有。

7. 所在家庭平均每月食品支出（伙食费）占家庭总开支比例：79.1%。

8. 家中啃老情况：5.2%。

（六）住房状况

1. 现在住房所建年代：1949年前的占1.9%，20世纪五六十年代的占5.6%，七八十年代的占33.3%，90年代的占28.5%，2000年后的占30.7%。

2. 现在住房的建筑面积：平均为109.6平方米。

3. 老年人和老伴是否有单独居住房间：有单独居住房间的占53.5%。

4. 现在住房存在的问题：前四个主要问题是，光线昏暗占44.1%，没有呼叫/报警设施占37.8%，厕所浴室不好用占34.1%，没有扶手占22%。

5. 对现有住房是否满意：满意占36.1%，一般占27.5%，不满意占36.4%。

6. 去年以来是否跌倒过：20.4%的老年人跌倒过。

（七）社会参与状况

1. 参加公益活动：前三项公益活动是帮助邻里（32.6%），协助调解邻里纠纷（18.1%），维护社区卫生环境（16.3%）。

2. 参与的社会组织或团体情况：老年合作组织占比5.2%，人民调解委员会占比1.9%，文体娱乐组织占比2%，社区治安小组占比1.1%，其他组织占比 1%，什么组织或团体都没参加的占比 92%。

3. 参加过的家族活动情况：参加祭祖活动的占比 25.5%，参与修家谱、族谱的占比 7.1%，协助调解族内纠纷的占比 7.1%，参加家族公益活动的占比 1.9%，什么都没参加过的占比 70.4%。

4. 是否参加老年协会：是占 3.9%，否占 96.1%。

5. 对老年协会组织活动满意状况：非常满意占 0%，比较满意占 25.2%，一般占 34.3%，比较不满意占 29.1%，非常不满意占 21.4%。

6. 希望老年协会开展活动前五种：困难老年人帮扶活动占 55.6%，学习/娱乐活动占 45.1%，老年人权益维护占 41.5%，志愿公益活动占 17.1%，老少共融亲情活动占 12.2%。

7. 没有参加老年协会的主要原因：没有成立占 54.9%，身体不允许占 30.7%，不感兴趣占 24.9%，没有时间占 21.1%，家庭不支持占 1%，其他占 5.2%。

8. 是否愿意帮助其他老人：是占 71.9%，否占 28.1%。

9. 参加村委会选举情况：23.1% 的老年人有参与村委会最近一次选举。

10. 是否关心村委会事务公开：关心占比 26.5%，不关心占比 32.2%，无所谓 41.3%。

11. 所在村委会办大事征求老年人意见：19.1% 的老年人所在村委会办大事征求过其意见。

12. 向村委会提建议：11.4% 的老年人向所在村委会提过建议。

13. 是否关心国家大事：是占比 33.5%，否占比 66.5%。

（八）维权状况

1. 对《老年人权益保障法》是否知晓：6.1% 的老年人知晓。

2. 是否办理优待证：5.5% 的老年人已办理。

3. 曾享受过的优待：免费体检占 57.1%，普通门诊挂号费减免占 11.3%，公共交通票价减免占 11.1%，公园门票减免占 2.7%，旅游景点门票减免占 5.9%，博物馆等公共文化场所门票减免占 1.2%。

4. 家人是否对您有以下虐待行为：长期不来探望您占比 15.9%，不提供基本生活费占比 6.5%，在需要时不给予您照顾占比 6.9%，提供的住宿条件差占比 5.7%，不给您看病占比 3.1%，阻止您再婚占比 2.7%，侵占您财产占比 2.1%，经常打骂您占比 1.1%，不给您吃饱占比 0%，其他占比 3.4%，都没有占比 71.1%。

5. 如果家人有虐待行为，采取什么措施：忍气吞声占比 37.9%，找亲属宗族调解占比 29.2%，寻求村委会帮助占比 33.3%，找老年协会求助占比 0%，找家人单位调解占比 4.1%，打官司、司法解决占比 0.9%，向媒体反映占比 0.9%，其他措施占比 4%。

6. 近三年是否接受过法律援助：表示有的占比 0.9%。

7. 合法权益保障：67.5%的老年人认为自己的合法权益得到了应有保障。

（九）精神文化生活状况

1. 经常参加的活动类型：看电视/听广播占 79.1%，打麻将/打牌/下棋占 14.5%，散步/慢跑等占 14.4%，种花养草占 8.2%，读书看报占 2.7%，跳舞占 2.1%，看电影听戏占 0.9%，养宠物占 0.9%，其他占比 11.1%，什么都没有占比 19.9%。

2. 经常上网情况：0.1%。

3. 参加老年大学情况：0.9%的老年人参加了老年大学。

4. 未来一年是否准备旅游：1%的老年人未来一年有旅游打算。

5. 宗教信仰情况：不信仰任何宗教占 73.1%，佛教占 21.9%，基督教占 5.9%，其余宗教占 1.3%。

6. 日常是否出现下列情况：经常忘记带钥匙占比 23.9%，常常忘记灶上煮的东西占比 22.2%，常常想不起亲友的名字占比 19.1%，突然对亲朋好友面孔有陌生感占比 10.9%，出门后一时找不到家门占比 5.7%，都没有占比 56.2%。

7. 孤独感情况：从不孤独占 14.5%，有时孤独占 57.5%，经常孤独占 27%。

8. 过去一周内的感受：大部分时间心情愉快占比 35%，常常感到情绪低落占比 37.5%，认为活着是件好事占比 24.5%，整天烦躁和坐立不安占比 15%。

9. 怎么看待部分老年人轻生问题：顺其自然占比 58 1%，珍惜生命占比 39.7%，自己有权放弃生命占比 5.2%。

10. 幸福感情况：非常幸福占 5.5%，比较幸福占 30.5%，一般占 28.2%，比较不幸福占 29.3%，非常不幸福占 6.5%。

三、农村贫困老年人/家庭个案访谈情况小结[①]

农村贫困老年人/家庭个案访谈的目的在于，了解农村贫困老年人或其家庭成员对当前社会救助制度和农村老年社会救助工作的了解与评价，以及在社会救助方面还有哪些需求。调查者深入农村贫困老年人家庭进行个案访谈，就老年社会救助需求表达、救助对象界定、救助待遇供给、在社会救助方面的需求四个方面与贫困老年人（及其家人）进行交流。

关于老年社会救助的需求表达。贫困老年人或其家人表示，当有生活方面的困难时，老年人一般都会自己或请他人去村居委会或乡镇政府说明

[①]　本个案访谈提纲内容见本书附录。

情况请求帮助，多数情况下村委会干部会把相关情况反映给相关机构（如乡镇社会事务服务中心）的工作人员，由他们核实情况再予以解决。但也有部分老年人反映，他们的诉求没有得到有效反馈，有的老人甚至流出激动的泪水，并向我们询问如何才能有效地使自己的需求被政府听到并得到认真对待。还有的老年人说，救助申请手续繁杂，而且申请了不一定评得上，嫌麻烦从而懒得向政府表达自己的需求。

虽然农村贫困老年人基本上都有较强的"低保"（或"五保"特困）需求表达意愿，但多数老年人并不了解国家有哪些可以申请来解决他们其他困难的专项救助，以致未能表达出相关的救助需求。例如，广西地区 L 镇有个农村贫困老年人刘某几年前得知自己患上强直性脊柱炎，当时住院治疗需要好几万元，因为没有钱就一直拖着没治疗，现在病情越发严重，两条腿开始麻木；江西省 Q 村有个贫困老年人杨某，一直未婚无子女，也基本没有亲戚，政府按当地分散供养标准给予其每月 428 元的特困救助金。该老人表示，自己身体不好需要照料，但没有钱请人来护理自己。这两位老年人是农村贫困老年人的典型代表，他们往往缺乏对相关政府政策的了解，因而未向相关政府部门或社会组织表达自己的特殊救助需求，从而导致未能享受到相应项目的救助。

关于农村老年社会救助对象界定方面，受访老年人认为界定老年救助对象的因素应包括劳动能力、资产、年龄、子女收入和身体状况。目前农村"低保"申请条件之一是"持有当地农村户口、共同生活的家庭成员年人均纯收入低于当地农村的低保标准，且实际生活水平低于当地农村低保标准"。当问及如何理解"共同生活"时，被访者的看法比较一致，即认为是"同吃、同住与收入共同使用"。关于"村委会评审低保户的标准及程序是否公平"，老年人基本表示公平。当问及是否发现有需要救助的老年人没有得到救助时，有的表示基本没有，有的说没去注意过这个问题，有的表示有这种现象。有一位老人激动地指出，村里有一些条件好的家庭拿到了"低保"，而像他这样真正需要的人却没得到。该老人还说，村里"低保"的错配率起码达到了50%。关于"由村委会（村民代表）进行救助资格的初步评估是否合适"这个问题，被访者有两种意见，一种认为合适，因为村委会干部和村民代表是本地人，对本村人的家庭情况知根知底；另一种认为不合适，因为村委会干部（或村民代表）很可能"优亲厚友"，或者某些经济困难但人缘不好的申请者很可能得不到评委的支持（诸如前面这位激动的老人就没有通过村民投票）①。还有被访者指出，"低保"（"五保"特困）救助项目评议中村干部和驻村干部所占比重过大、村民代表往往只有一两个。至于"是否有其他社会组织参与家计调查和救助资格的评审"，受访者绝大多数表示没有见过。由此可见，农村老年救助对象的界定主体是单一化的，这容易导致救助对象认定的精确化程度低。

关于农村老年社会救助待遇给付。关于"低保"（"五保"特困）金水平，多数老年人认为加上每月发的基础养老金，马马虎虎够基本生活需要，可以偶尔买点鱼肉改善生活，但生病了花不起钱看病买药。调查还发现，有些地方在确定了"低保"（"五保"特困）对象后，按统一数额发放"低保"（"五保"特困）金，并没有按其实际贫困状况进行补差。部分被访者认为，对申请者家庭收入的判断不够准确，对不同收入状况者不分差别给付同一数额救助金的做法也不够公平。有的村里给了"低保"名额，但没有给发放"低保"补助金。被调查的农村特困老人绝大多数采取的是分散供养，他们表示拿到的特困金基本上只够温饱。关于社会救助项目，多数老年人只知道有"低保""五保"，有部分老年人了解"精

---

① 2016年8月发生了震惊全国的"甘肃杨改兰"事件，事后国务院扶贫开发领导小组办公室副主任洪天云分析，"……她在村里面是小户小姓，或者因为性格的关系和大家没有交流交往，没有人管她，没有人关注她，大家看着熟视无睹，麻木，无所谓。这是不允许的。"见：封面新闻，反思杨改兰事件，消除"角落贫困"，http://www.thecover.cn/news/143745，2016年11月5日。

准扶贫"，但很少有老年人知道还有其他救助项目，而且他们表示除了"低保"（或"五保"）外，没享受过其他救助项目保障。但据我们了解，有部分老年人其实享受过诸如农村危旧房补贴、医疗救助和产业扶持等项目待遇，只是他们不了解这些亦属于社会救助类项目。在救助待遇给付形式方面，老年人基本都认为现金和实物相结合的形式更好。有部分老人说，他们的补助金一拿到手就（或主动或被动地）给子女拿去了，留给自己的没多少钱。调查过程中，并没有老人明确表示需要政府提供照护服务，这可能是因为他们认为政府有责任提供救助金，但日常的照料护理只是家人的义务。在问及"相对于其他贫困者，老年贫困人员是否有其特殊的救助需求"时，被访者都表示有。很多老年人说，年纪大了之后身体毛病多，行动也不方便，希望获得医疗费减免和出行等方面的帮助。

关于对社会救助工作的需求和建议。多数被访问的老人（包括其家人）提出了他们的需求和建议，包括提高老年救助金水平、老年救助金分类发放、老年补助更加公平公开、对老年人实行特别救助以及为他们的生活提供更多便利与照顾等。也有部分老年人表示没有其他需求和相关建议。江西省 G 县 Z 村有一位 81 岁老人黄某，她育有五个子女，其中有两个儿子经济状况较好，但子女们要么没有能力赡养她，要么有能力赡养而不赡养她。调查时我们发现，由于部分子女有能力赡养她，该老人因而没有获得"低保"救助资格。在 2018 年 8 月调查时点，老人每月只有 80 元的高龄津贴与 80 元的基础养老金，平日生活十分清苦。但这位老人并不怨天尤人，她很平静地表示，对政府每月能发给她 160 元她很感恩，自己对未来并没有什么期盼，只希望自己平安健康、不因失能而瘫痪于床，不拖累子女，最后能比较有尊严地终老离世。

四、农村老年社会救助工作人员问卷调查的数据结果[①]

（一）基本资料

1. 应答者单位的层级：县级占 9.4%，乡镇级占 71.6%，村级占 20%。

2. 应答者职位：乡镇以上单位负责人占 15%，乡镇以上单位一般办事人员占 55%，乡镇以上单位临时招聘人员占 15%，村委会负责人占 15%。

3. 个人特征：男性占 89.1%，女性占 10.9%；平均年龄为 42.5 岁。

4. 政治面貌：中共党员占 75%，共青团员占 9%，民主党派人士占 0%，群众占 16%，人大代表/政协委员占 9%。

5. 文化程度：研究生及以上占 0%，本科占 18.2%，大专占 75.5%，中专或高中占 6.3%，初中占 0%，小学占 0%，小学以下占 0%。

6. 从事救助工作之前所从事的职业：应届毕业生占 9.4%，部队占 4.7%，事业单位占 28.5%，公务员系统占 9.4%，做生意占 0%，工人占 0%，其他占 49%。

7. 户籍所在地：工作地就是户籍所在地（本地人）占 100%，工作地不是户籍所在地（外地人）占 0%。

（二）工作条件

8. 如何看待社会工作者职业：前途较好占 58.3%，前途不明朗、慢

[①]　本调查问卷内容根据"中国城乡困难家庭社会政策支持系统建设"项目社会救助工作人员的调查问卷稍作调整而成。

慢会好起来占 41.7%，前途不明朗、很难好起来占 0%。

9. 工作单位具备的设备：电话占 94.1%，电脑占 82.8%，复印机占 76.6%，传真占 70.3%，下乡车辆占 34.4%。

10. 单位目前的办公条件是否能够满足工作需要：不能够满足、急需改进占 8.2%，还能凑合着用、基本能够满足工作需要占 66.5%，能够比较好地满足工作需要占 25.3%。

11. 家里目前是否有遇到以下几种困难（限选三项，排前三项的困难和比例是）：家庭经济拮据占 34.5%，家庭收入不稳定占 34.5%，家庭成员中有重病人和残疾人、家庭有成员找不到工作占 34.5%。

12. 从事有关社会救助工作的时间：一年以下占 7.8%，一至五年占 34.5%，六至十年占 22.2%，十年以上占 34.5%。

13. 当初是为何从事社会救助这一工作的：朋友介绍的占 0%，政府安排的占 75%，找不到其他工作只能从事社会救助工作的占 17.2%，自己喜欢主动加入的占 7.8%。

14. 觉得目前的工作强度如何：太大、难以应付占 3.1%，偏大、勉强应付占 25%，一般、比较适中占 64.1%，较小占 7.8%。

15. 是否觉得本单位中从事社会救助工作的人员数量足够：太多了、存在闲人占 0%，正好合适占 45.3%，人员较少、工作较为繁忙占 40.6%，人太少了、不能够满足工作需要占 14.1%。

16. 自己现有能力能否胜任当前工作：完全能够胜任占 34.4%，基本能够胜任占 62.5%，尚有些差距占 3.1%。

17. 所在单位提供的培训能否满足工作需要：是、有很多培训占 25%，否、培训的效果很差占 25%，几乎没有培训占 50%。

18. 参加社会救助方面的专业学习频率为：半个月左右一次占 0%，一个月左右一次占 0%，两个月左右一次占 9.4%，半年左右一次占 28.1%，一年左右一次占 45.3%，一年以上一次占 17.2%。

19. 做好社会救助工作的最大困难是：社会认可度太低占 17.2%，报酬太低占 25%，工作难度太大占 25%，工作经费不足占 32.8%，其他占 0%。

20. 所在单位的管理体制如何：管理体制较为完善占 37.5%，管理体制尚待完善、存在多头领导的情况占 31.2%，职能交叉比较严重占 31.3%。

21. 推进社会救助的职业化与专业化哪些部门的作用最大（排名前三）：第一，党委、政府占 81.2%；第二，民政部门占 51.6%；第三，财政部门占 51.6%。

22. 所在地区的第三部门发展情况：发展较好能够与政府较好配合、帮助弱势群体占 17.2%，正在壮大、已经开始慢慢地为政府分担一些事情占 32.8%，还有待发展、力量还较为弱小占 50%。

23. 所在地区志愿者队伍发展情况：发展得很好、有很多人加入到志愿者队伍占 7.8%，有待发展、目前志愿者队伍人员较少占 92.2%。

24. 目前普通群众对"社会工作者"的认知度情况：大部分人知道"社会工作者"具体是从事什么工作的占 17.2%，小部分人知道"社会工作者"是从事什么工作的占 78.1%，几乎没有人知道"社会工作者"是从事什么工作的占 4.7%。

25. 对目前"社会工作者"社会地位的评价：地位较高占 7.8%，一般占 75%，地位较低占 17.2%。

26. 对目前的救助工作待遇评价：比较满意、是劳有所得占 17.2%，差不多、干多少活拿多少钱占 17.2%，无所谓、反正都是工作占 25%，觉得低了点、要是再提高点待遇会更满意占 40.6%。

27. 所在单位是否存在同岗不同酬现象：存在占 34.4%，不存在占 65.6%。

28. 目前关于社会救助工作待遇的激励机制情况：激励机制比较完

善、能够激励工作人员努力工作占 9.4%，激励机制有一定的作用，但有很多地方需要加强占 65.6%，激励机制较差、不能够激励工作人员努力工作占 25%。

29. 目前社会救助工作人员这一队伍中存在的主要问题（多选，排名前三）：社会救助者的工作压力偏大、收入偏低占 75%，激励机制不完善占 50%，社会工作者职业发展前途不明朗占 42.2%，职能交叉严重占42.2%，救助人员素质偏低、专业化程度不高占 42.2%。

（三）工作评价

30. 所在地区是否实现了很有成效的分类施保：实现了占 32.8%，还没有实现占 25%，说不清楚占 42.2%。

31. 所工作的地区通过以下哪些方式进行老年救助工作的宣传介绍（多选，排名前三）：在基层有固定公开栏宣传板占 100%，在社区召开宣讲会进行普及占 57.8%，定期走访、家庭入户宣传占 57.8%。

32. 目前老年社会救助实施的效果情况：效果很好、帮助了广大老年贫困对象占 50%，仅对一部分人有效果占 9.4%，杯水车薪、没有解决实际性问题占 32.8%，说不清楚占 7.8%。

33. 为什么有些老年人要靠救助金来维持基本生活（多选，排名前三）：老年人自己有病有残占 92.2%，子女不给或少给赡养费占 42.2%，家庭成员有病有残占 42.2%。

34. 目前的"低保"（或特困救助）金标准对于老年人是否合适：差不多占 42.2%，过低占 50%，说不清楚占 7.8%。

35. 如果目前老年"低保"（或特困救助）金标准过低，那么主要原因是（排名前三）：没有考虑到老年人群的特殊需要占 50%，当地经济不发达占 50%，没有考虑到随经济增长和物价变化而及时调整占 42.2%。

36. 制定老年"低保"（或特困救助）金标准最主要的依据应该是

（排名前三）：维持老年人最低生活所需占 82.8%，市场综合物价指数占 57.8%，当地经济发展状况和财政收入状况占 42.2%。

37. 家庭收入的大部分核查结果是否准确：准确、确保穷人申请得到通过占 32.8%，比较准确占 32.8%，一般、核查取证难占 34.4%，较不准确占 0%，很不准确占 0%。

38. 救助申请人员有无隐瞒家庭经济状况：很多占 17.2%，有一些占 57.8%，很少占 17.2%，没有占 7.8%。

39. 哪方面的经济状况相对容易隐瞒（排名前三）：子女赡养费占 42.2%，家庭经营收入占 32.8%，银行存款占 25%。

40. 所在地区对已救助对象的资格审查是：每月一次占 0%，每季度一次占 7.8%，每半年一次占 17.2%，每年一次占 57.8%，不定期占 17.2%。

41. 对已保对象的救助审核多长时间进行一次比较合适：每月一次占 0%，每季度一次占 7.8%，每半年一次占 42.2%，每年一次占 32.8%，不定期占 17.2%。

42. 应该多久对老年救助家庭进行一次入户家访：一个月占 17.2%，三个月占 26.6%，半年占 46.8%，一年以上占 9.4%。

43. 对当地每户低保申请者家庭经济状况的了解程度是：很了解占 7.8%，基本了解占 75%，少许了解占 17.2%。

44. 以下哪些因素最能决定准确掌握老年救助户家庭经济状况（多选，排名前三）：入户调查的工作细致程度占 82.8%，基层评议的民主公平占 42.2%，邻里或知情者的监督举报占 42.2%。

45. 迄今为止在老年社会救助工作中与下面哪些部门和组织协作最多、成效最大（多选，排名前三）：社会保障部门占 92.2%，工会、妇联、残联占 57.8%，财政部门占 50%。

46. 目前最需要同哪些部门和组织加强协作（多选，排名前三）：社会公益组织占 92.2%，卫生部门占 50%，金融部门占 25%。

47. 目前农村老年社会救助工作还存在的主要问题（多选，排名前三）："低保"家庭一经确认长年持续难以退保占 58%，对农村贫困老年人整体救助不足占 58%，没有根据老年人的特点进行分类救助占 50%。

48. 目前老年社会救助实际工作中最大的困难是（多选，排名前三）：经费不足占 57.8%，人手不够、编制不足占 57.8%，家庭收入核查缺乏足够法律法规政策支持占 57.8%。

五、农村老年社会救助供给工作情况访谈小结[①]

此访谈对象是农村基层社会救助机构的工作人员，主要通过两种途径即打电话或到其办公室进行采访，目的在于了解我国农村老年社会救助工作机制的运行状况，访谈内容包括农村老年社会救助需求表达机制、保障对象界定机制、筹资机制、救助待遇供给机制以及救助管理运行机制等方面的问题。

需求表达机制方面。关于"农村贫困老年人通过何种方式表达他们的救助需求"，受访工作人员的说法与受访老人说法比较一致，即老年人一般是自己或请别人到村委会或乡镇政府来反映他们的困难，有的会通过电话说明情况。但有一位乡镇受访工作人员声称，当地老年人仅限于向村委会反映，基本上没有老年人来过他工作的镇政府表达其救助诉求。多数受访工作人员表示，基层缺乏正式的组织化的社会救助表达机制。有的地方工作人员偶尔会下到贫困老年人家里进行访问、了解其需求，但这样的次数很少；有的地区曾组织过社工小组到贫困老年人家里走访，收集分析

---

① 本个案访谈提纲内容见本书附录。

他们的需求。受访工作人员均认为，贫困老年人有比较强的"低保"需求表达意识，但表达能力总体上比较差，要么表达不清，要么表达不能反映其真实想法。关于"有否采取什么措施来促进老年人真实表达自己的需求"这个问题，有的工作人员说暂时没有；有的工作人员说曾经开会讨论过，即对老年人救助需求进行分析整理，后期亦根据讨论结果对工作安排进行过适当修改。当请其自评"农村基层组织对老年人的救助需求的反馈是否及时有效"，多数工作人员的回答是肯定的，部分工作人员则解释，由于人力、财力紧张等原因，有时并不能做出及时且有效的回应与反馈。

对象界定机制方面。关于救助工作中如何界定"共同生活"这个问题，工作人员说，具体操作时与政策有些许出入，基本上是只要"一起居住、共同消费"即认定为"共同生活"。工作人员表示，农村中有些老年人的子女有能力赡养老人但为了逃避赡养责任，而选择与父母分户并分开居住，以把父母推给政府救助。遇到子女有能力赡养老人而不赡养老人导致老人生活困顿的事例，政府有时会基于怜悯而给予老人"低保"资格。由此很多工作人员感叹，政府是在代替儿女给老人尽孝。多数工作人员认为，应该根据老年人及其有赡养能力子女的家庭收入水平、资产及健康状况来判定老年人是否有资格获得救助，而且亟须创新农村老年社会救助工作机制，大力开展尊老养老孝老的社会文化建设。

实际工作中关于申请对象的家计调查与受助对象的动态管理问题，多数工作人员指出，乡镇民政所是最基层的农村民政工作机构，承担着"低保"、特困救助、救灾救济、医疗救助、双拥优抚、殡葬管理等多达十几项工作职能。尤其是"低保"（"五保"特困）工作，要进村入户调查，作为一线工作者的他们往往不堪重负，因此家计审核工作很难完全做到位；由于经费不足、现代化信息管理手段缺乏以及一些救助对象千方百计逃避"退保"等原因，农村"低保"、特困救助动态化管理水平及效率并不高，存在一定程度的"应退未退"现象。

资金筹集机制方面。关于"本地区'低保'、'五保'特困、临时救助以及各专项救助资金的来源及分担归宿的情况"，多数工作人员表示，救助资金基本来源于财政拨款，至于各级财政分担比例是多少这个问题没有去关注过，也鲜有听说过有社会资金的流入。当问及"救助资金科学的分担归宿及改善对策是什么"这个问题时，多数工作人员依旧表示，自己不够专业，对"救助资金的来源渠道和各级财政应该承担的救助资金比例"这种专业性问题不懂。江西省 D 县"低保"工作人员说，近几年 D 县农村"低保"资金中央财政承担比率在 70% 左右，省级财政承担比率在 10% 之内，县级财政承担比率在 20% 上下。该工作人员指出，在县级财政债务问题十分突出和"营改增"背景下，县级财政承担的救助资金压力比较大；虽已在构建社会资金流入机制，但效果并不理想，目前还没有形成通畅的多渠道筹资体系。

待遇供给机制方面。关于"相对于一般贫困者，贫困老年人是否有特殊的救助需求"，工作人员基本上都认为"有"并主要涉及"医疗救助"和"精神慰藉"两方面，但目前的救助工作并没有根据老年人的这种特殊需求而予以特殊救助和照顾，而是与其他人群同样对待。也就是说，当贫困老年人有医疗、住房、就业等方面的困难时，政府是按照一般人员的社会救助政策予以帮扶的。例如，有的村给贫困老年人提供村保洁员的工作岗位，以助其增加收入。关于"有没有根据老年人的养老服务需求，提供专业化的养老服务"，工作人员皆声称，目前工作还没有达到这种程度，只能解决老年人经济上的困难。当问及"有否根据贫困老年人的护理需求，提供相应的护理救助"，工作人员说，一般的贫困老人生病卧床之后都是由自己的家人照顾，农村老百姓都没有讲要政府出面来护理自家老人的，不过孤寡（"五保"特困）老人护理问题政府一般会予以解决。

关于"老年社会救助中的现金、实物与服务的供给比率"这个问题，工作人员指出，没做过统计因而具体的比率不是很清楚，大致情况是现金为主、实物次之、服务方面基本没有（因为相关机构、服务设施以及工作人员数量有限），因而也就没有建立形成相应的服务救助供给机制。至于"有否因救助资金不足而'以钱定人'"，多数工作人员表示以前有过类似问题，但现在政策严格所以基本没有；也有的工作人员说，如今还存在因为资金不足而视申请者家庭贫困轻重作决定的情况；有的工作人员表示对这个问题不方便回答。

管理运行机制方面。涉及农村老年社会救助工作的相关部门众多，包括民政部门、老龄委、人社部门、司法部门、社会保险部门、住建部门以及金融机构等。关于"农村社会救助管理运行主体之间工作的协调情况"，多数工作人员认为，现在有了大数据技术并建立了各部门信息共享机制，且一般情况下各地区都建立了社会救助工作相关部门联席会议制度，不过管理运行中仍凸显了较多问题，如部门间分工不明、权责不清及运行效率低下等。

有工作人员指出，农村社会救助工作尤其"低保"工作的主要负责部门是民政部门，但由于民政部门工作人员编制不足，一个乡镇往往只安排了一两个人员负责"低保"救助相关工作，乡镇救助工作人员忙不过来，往往就把大量的相关事务交给村委会去做，而村委干部往往缺乏相关专业知识和能力，以致救助工作效果难以提升。另外，农村老年社会救助活动中，社会组织参与的身影很少，尤其在老年照护服务供给方面。

在农村社会救助工作监管方面，工作人员表示，现在民政部已经建立起社会救助工作监管的长效机制，包括社会救助工作情况定期报告与通报制度、不定期专项督查、强化日常监管、内部监管渠道与外部监督渠道相结合等，该监管机制比较有效地推动了供给主体的责任落实。关于"是否建有适合农村社会救助工作的评估和激励机制"，以呼应社会救助工的监管目标，有工作人员说，各地基本上都制定了本地区的社会救助工作绩效考核办法，只是是否执行、执行程度等很难讲有没有到位。

六、小结

通过本次调查，获取了被调查区域内农村贫困老年人的基本生活状况、救助需求内容以及农村老年社会救助供给方面的数据资料，为下文对我国农村老年社会救助需求与供给特征的分析提供了实践素材与事实依据。

第五章　农村老年社会救助供需调查结果的分析

习近平总书记指出："调查研究是谋事之基、成事之道。没有调查，就没有发言权，更没有决策权。"历史经验表明，各种问题的解决都取决于正确的决策，而正确的决策来源于对客观实际的深入调查与科学分析。因此，本章在前文所述调查统计数据与相关文献资料基础上，深入分析当前农村老年社会救助的需求现状与特征以及救助供给工作所取得的成效与存在的问题，为进一步改善农村老年社会救助机制提供实践素材与政策依据。

一、农村老年贫困人员生活状况及需求特征

此章根据本研究所进行的农村贫困老年人生活状况问卷调查与个案访谈的结果，结合其他相关的数据资料，来分析我国农村贫困老年人生活状况特点以及他们在社会救助方面的需求内容与需求结构。

（一）代际矛盾突出，存在较普遍的经济困难

代际矛盾主要是社会学和人口学概念，表示不同代的人群之间因在文化观念和行为方式方面的差异而引发的矛盾。代际矛盾也是个经济学概念，经济学关心的是资源配置问题，而社会总资源是有限的，随着老龄人

口占比的不断提高，老年群体所需占据的社会资源也必然越来越多，从而引发在社会资源配置上的代际矛盾。于一国如此，于一家更是如此。另外，随着市场经济的渗透以及各种刺激农村消费政策的推进，农村家庭的竞争和攀比之风比较兴盛，主要表现在盖楼、房屋装修及子女教育等方面。而农村家庭的这些竞争，往往是建立在（孙）子女对长辈的"代际剥削"基础之上。

本研究通过对农村贫困老年人以及社会救助工作人员的深度访谈得知，农村家庭的资源分配呈现很明显的"下位优先"特征，即辈分越小的家庭成员其所获得的家庭资源可能越多。尤其在经济比较困难的家庭，往往会将本就不多的资源用于孩子（孙子女）的培养或者房屋的建设上面，贫困老年人从家庭里面得到的经济支持就比较有限。不仅如此，农村贫困家庭还存在比较普遍的"啃老现象"。根据全国老龄委组织的第四次城乡老年人生活状况调查的结果，城镇老年人认为（孙）子女存在"啃老"行为的比例是7.7%，农村老年人认为（孙）子女存在"啃老"行为的比例是5.5%。而本研究的问卷调查显示，相较而言农村贫困老年人被（孙）子女"啃老"的比例并不低，有61.5%以上的农村贫困老年人报告先年给了子女（含孙子女）钱，认为子女（含孙子女）存在"啃老"行为的比例达到5.2%。

理论而言，农村贫困老年人的收入可能由以下几个部分构成，包括"低保"（特困救助）金、基础养老金、"新农保"养老金、高龄津贴、劳动收入以及亲友支持等。事实上，拥有"新农保"（或"居民保"）养老金领取资格的农村贫困老年人比例很低，即使有领取资格他们每月基本养老金多数不过是十几元、几十元；高龄津贴的领取年龄一般是80岁以上，但到了这个年龄老年人就基本上没有多少劳动能力了；即使有一定的劳动能力，由于其劳动收入往往来源于农业或者村里给的保洁员岗位，所以获得的收入水平也比较低。以江西D县的一个普通农村贫困老年人江某（63 岁）为例，2018 年他每月获得基础养老金 80 元、"低保"金 175 元与就业（村保洁员）收入 200 元，每月总计收入 455 元（过年过节有亲友给点钱，但基本用于了回礼）。老人还有地，自己种菜，因此加上每月 455 元的收入应该说基本可以保障基本生活。但是，据这个老人讲，每月的养老金加劳动收入一拿到手，就被儿子拿去大半，留给自己的寥寥无几，因此生活很是拮据，平日饭菜以早米、青菜、腌菜为主，比较少买鱼肉，更少有买营养品。如果碰上生病了，经济就会更困难。除此之外，农村还存在一些家庭其子女有能力赡养父母却想方设法逃避赡养责任的现象，这也是导致一些农村老年人经济困难的重要原因。

（二）家庭养老功能式微，照护救助需求迫切

家庭养老功能的式微，与现代家庭变迁的特征有关，主要包括以下几个方面：一是少子化。"少子化"一词源于日语，意指因生育率下降而造成幼年人口数量和比例逐渐下降的现象。本研究调查结果显示（见图 5-1），各年龄段农村贫困老年人平均拥有子女数从 85 岁以上 4.3 个一直下降到 60~64 岁平均拥有 2.3 个，老年人平均拥有子女数与其年龄成反比关系，家庭结构呈少子化、小型化变化趋势。相关统计数据表明，虽然我国于 2016 年全面放开二孩政策，但 2017 年和 2018 年的婴儿出生率不升反降。还有研究指出，这种出生人口的下降还只是个开始，"少子化"现象已经成为 21 世纪中国的社会病。[1] 二是高龄化。高龄化社会的认定标准，是以联合国发表的 65 岁以上老年人口占总人口比重 7%以上为依据的。家庭人口的高龄化，则意味着家庭中 65 岁以上老年人数量占家庭人口比例的上升（因为"少子化"），或者家庭老年成员趋于高龄化（预期寿命的增长）。据统计，2018 年我国 15 岁及以下人口比重（17.8%）首次低于 60

---

① 塞冬：《超低生育率养成记》. 2019 年 2 月 5 日，http://finance.sina.com.cn/china/gncj/2019-02-05/doc-ihqfskcp3294528.shtml。

岁及以上人口比重（17.9%）。① 三是空巢化。伴随着子女数逐渐减少的趋势，子女外出就业的比例也居高不下，老年人"空巢"现象增多。根据第四次中国城乡老年人生活状况抽样调查，2015 年城镇空巢老年人（老年夫妇户、独居老人）占老年人口的比例为 51.3%，农村为 51.7%。而根据国务院公布的《"十三五"国家老龄事业发展和养老体系建设规划》，预计到 2020 年中国空巢老年人数量将增加到 1.18 亿。

（个）

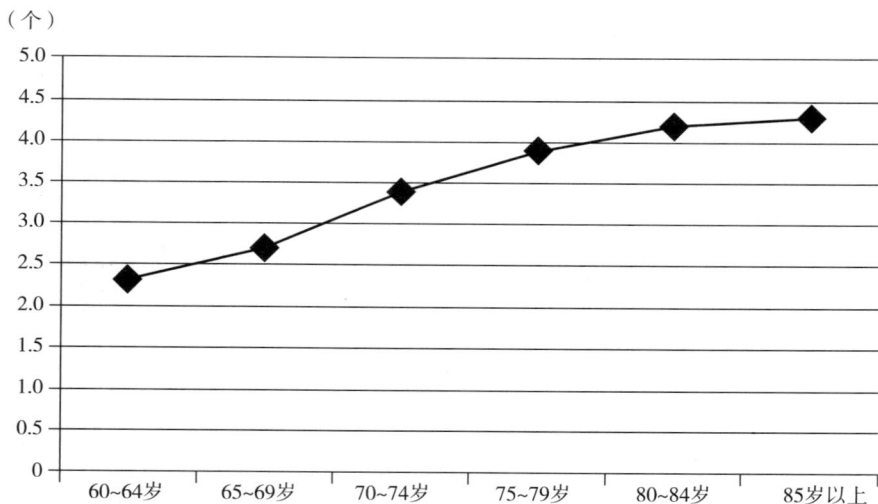

图 5-1 农村贫困老年人平均拥有子女数

由于家庭子女数的减少及子女外出就业现象的增加，传统的养儿防老模式功能逐渐在弱化，老年人的日常照料护理问题突出，老年人越来越需要家庭之外的其他主体来提供照料护理服务。根据第四次中国城乡老年人生活状况抽样调查的结果，2015 年我国城乡老年人自报需要照护服务的比例为 15.3%（其中农村该比例为 16.4%），比 2000 年的 6.6% 高出了近 9 个百分点；19.8% 的需要照护服务的老年人无人照料（其中农村该比例

---

① 根据《中国统计年鉴 2019》相关数据统计而得。

为 22%)。本研究的抽样调查结果显示，当前尚有 29.5% 的需要照料护理的贫困老年人没有人照料护理；在已经获得护理照料的贫困老年人当中，由老年人（主要是配偶）护理照料老年人的比例近六成。

根据本研究的调查，当前农村民众普遍认为照料护理老年人是家庭的责任，但由于现实中贫困家庭老年照护资源能力不足问题日益突出，因此客观上贫困老年人是有比较迫切的社会化照护救助服务需求的。随着老年人群照护救助需求的凸显，一些地方政府例如江西省开始着力推进农村特困失能老人的集中照护，并要求乡镇敬老院在满足特困人员集中供养的基础上，优先为农村"低保"家庭、低收入家庭以及计划生育特殊困难家庭中的高龄、失能失智老人提供低偿或无偿照护服务。不过，本研究调查还显示，当问及"您愿意在哪里接受照料护理服务"时，农村贫困老年人八成以上表示希望在家里接受照料护理，愿意去相关养老机构（包括敬老院）的仅占近 4 个百分点；农村贫困老年人需要的社区养老服务按比例高低依次包括上门看病、助餐服务、康复护理、日间照料、心理咨询/聊天服务、助浴服务、老年辅助用品租赁以及其他等。这些情况均表明，农村贫困老年人的照护需求规模大且需求内容比较丰富。

（三）慢性病高发，医疗救助需求大

慢性病是指不构成传染、具有长期积累形成疾病形态损害的疾病的总称，其主要特点是病程长、病情迁延不愈、治疗费用高等。根据 2015 年的健康调查数据显示，中国有近 3 亿人确诊慢性病，其中 60 周岁以上的占比超过了一半，慢性病患病率已经成为一项老年人群健康的主要问题。曾有卫计委官员公开表示，全国 2.2 亿老年人中有 1.5 亿患有慢性病，且多病共存现象普遍，91.2% 的已故老年人死于慢性病。[①] 慢性病已经成为

---

① 《卫计委官员：全国 2.2 亿老人 1.5 亿患有慢性病》，2016 年 10 月 31 日，http://finance.sina.com.cn/roll/2016-10-31/doc-ifxxfysn8240986.shtml。

威胁人们尤其老年人群健康和耗费资源最主要的疾病，有统计数据显示，2010 年全国慢性病防治费用 12910.77 亿元，占经常性卫生总费用的比重达 69.98%。其中，慢性病治疗费用主要用于医疗服务，其中 39.05% 为门诊服务、44.08% 为住院服务。[①]

全国老龄委第四次城乡老年人生活状况调查数据显示，老年人自评健康状况为"比较差"和"非常差"的比例共计为 24.8%，其中农村为30.9%；同时患有三种及以上慢性病的老年人占所有慢性病老人数量的比例为 29.4%（其中农村该比例为 28.4%）。本研究调查结果显示，近四成的农村贫困老年人健康状况自评"比较差"或"非常差"，80% 以上的农村贫困老年人患有慢性疾病，其中骨关节病、白内障/青光眼、高血压、心脑血管疾病成为农村贫困老年人最常见的慢性疾病。从图 5-2 还可以看出，部分农村贫困老年人同时身患多种慢性疾病。根据调查，农村贫困

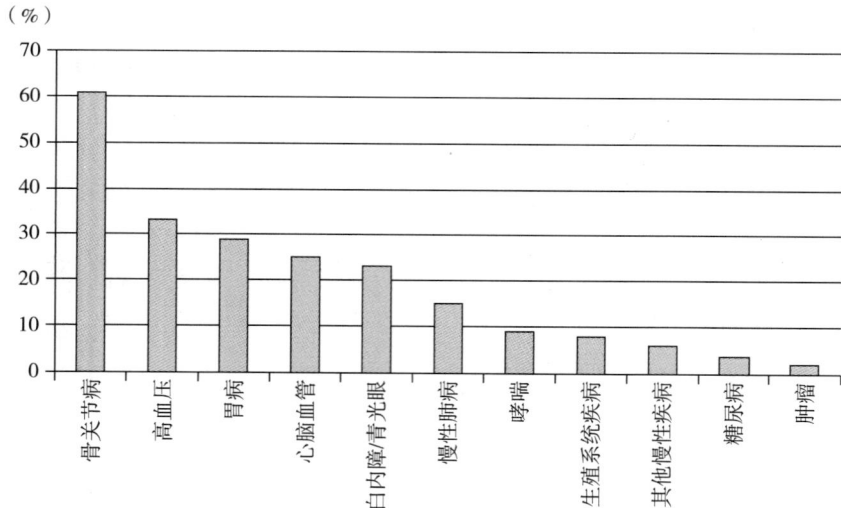

图 5-2　农村贫困老年人患慢性病的情况

---

① 翟铁民等：《我国慢性非传染疾病卫生费用与筹资分析》，《中国卫生经济》，2014 年第 2 期。

老年人享受新型农民合作医疗、城乡居民基本医疗保险、城乡居民大病保险的比例分别为71%、27%、10%，参加商业健康保险的比例为0%。参与调查的农村贫困老年人指出，虽然加入了"新农合"（或城乡居民基本医疗保险），但基本医疗保险存在报销比例低、报销手续麻烦等问题，因此很多农村贫困老年人生病之后要么选择自我处置（如自己买药、采用传统方法自行治疗等），要么拖着不加处置。拖着不加处置的主要原因包括经济困难、行动不便、就医麻烦、医院太远等。

（四）现有住房年代较久，住房为老设施严重不足

住房是否具备"适老性"，影响居住于其中老年人的身心健康与幸福指数。2016年，全国老龄委联合发改委等25部门联合印发了《关于推进老年宜居环境建设的指导意见》（以下简称《意见》），《意见》为改善老年人生活环境、提升老年人生活生命质量、增强老年人幸福感获得感之目标，提出了"老年宜居环境"的概念以及建设老年宜居环境的指导意见。《意见》认为，城乡老年人宜居环境的状况，应从老年人住房、基础设施和无障碍设施情况、老年人跌倒状况以及老年人对其住房条件和居住社区满意度情况等方面进行描述与分析。

本研究仅对农村贫困老年人的住房状况进行了调查。调查显示，农村贫困老年人房屋产权拥有率和人均居住面积均不低，但是存在比较突出的房屋老化、为老基础设施严重不足等问题，例如房屋光线昏暗、没有呼叫/报警设备、没有厕所/浴室或厕所/浴室不好用、室内没有扶手、门槛绊脚或地面高低不平等。只有36.1%的农村贫困老年人对自身的住房比较满意。由于住房环境更差以及身体状况更糟糕，农村贫困老年人"跌倒"的概率比一般老年人更高。全国老龄委第四次城乡老年人生活状况调查数据显示，近年在家中跌倒的城镇老年人占总城镇老年人的比例为13.5%，农村该比例为18.9%。本研究调查结果则显示，住房突出的"适

老性"不足，使得 20.4% 的农村贫困老年人近年在家跌倒过，跌倒构成了老年人伤残和死亡的重要原因之一。

（五）社会参与少，维权意识薄弱

老年人社会参与是指老年人在与社会互动的过程中，通过对各种角色的扮演与介入，在社会层面上实现资源共享，满足自身需要并回应社会期待。[①] 老年人社会参与具有重要意义，不但有助于丰富老年人的晚年生活、提高其健康水平，还有利于开发老年人力资源、实现老年人个人价值。本研究调查了农村贫困老年人社会参与状况的主要六个方面，包括参加公益活动、参加老年协会、参与村委会选举、向村委会提建议、帮助其他有困难老年人以及所在村委会办大事征求老年人意见。调查显示，农村贫困老年人参加老年协会的比例只有 3.9%，参与村委会选举、向村委会提建议以及所在村委会办大事征求老年人意见的比例分别是 23.1%、11.4% 以及 19.1%，参加其他公益活动如协助调解邻里纠纷、维护社区卫生环境的比例不到五分之一。可以看出，虽然整体而言农村贫困老年人社会参与的形式并不少，但相较一般老年人而言其社会参与的比例过低。例如，根据第四次城乡老年人生活状况的调查，全国城乡有 10.2% 的老年人参与了老年协会，其中农村老年人的参与比例也达到了 9.5%。

关于维权状况，虽然 67.5% 的农村贫困老年人认为自己的合法权益得到了应有保障，但调查显示只有 6.1% 的老年人知晓《老年人权益保障法》、5.5% 的老年人办理了"老年人优待证"。调查还显示，农村贫困老年人所遭受的来自家人的虐待行为形式比较多样，且曾经受过虐待的人数比例不是很低，例如排名前三的虐待行为以及比例分别是长期不来探望（15.9%）、在需要时不给予照顾（6.9%）、不提供基本生活费（6.5%）；

---

① 段世江、安素霞：《志愿者活动是城市老年人社会参与的主渠道——兼论老年志愿者活动开展的必然性》，《河北大学学报（哲学社会科学版）》，2011 年第 6 期。

如果家人有虐待行为，老年人多数会选择忍气吞声（37.9%），要么选择向村委会求助或宗族亲属调解，选择其他解决途径尤其是司法途径的很少，接受过法律援助的比例只有 0.9%。另外，还有一些老人会选择以自杀的方式进行抗争。本研究在调查中了解到相关的一些案例，例如 J 省 H 村一位贫困老人，因分家问题与儿子发生矛盾，父子俩在村里公开场合都不说话。后来老人查出来患有肝癌无钱医治，但其儿子从不过问。绝望之下，老人选择了跳河自杀。当询问为什么老人会选择如此极端的方式时，H 村的很多老年人的回答是自杀者受不了子女对自己的恶劣态度，又没有任何有效的外部支援，从而感觉生存无望。这些表明，农村贫困老年人对老年权益保障的认识比较肤浅，多数老年人并不真正了解自己应享有的权益，更不懂得如何有效维护自己的权益。

（六）文化娱乐生活匮乏，精神慰藉不足

所谓"老有所养"，依次表现为三个层次的养老需求，即经济供养、日常生活照料以及精神慰藉。① 文化娱乐生活是否丰富、精神慰藉是否充足，直接影响老年人的心情和幸福指数。本研究调查显示，农村贫困老年人参加的前五项文化类娱乐活动依次是看电视/听广播（79.7%）、散步/慢跑等（14.6%）、打麻将/打牌/下棋（14.1%）、种花养草（8.0%）以及跳舞/读书/看报（2.0%）；99.0%的农村贫困老年人几乎从不上网；加入老年大学以及未来一年准备旅游的人数比例均只有 0.9%；有 27.5%的农村贫困老年人信仰宗教。从以上数据可以看出，农村贫困老年人精神文化生活比较匮乏，他们日常局限于参加一些文娱活动，而在文娱活动中看电视/听广播的比例就高达 79.7%。本研究调查还显示，感到孤独的农村贫困老年人比例高达 85.5%。与此相对应的是，他们中感到幸福的人数比

---

① 曹清华：《老年社会救助的兜底保障问题研究》，《河南师范大学学报（哲社版）》，2016 年第 3 期。

例只有 37.0%。由此可见，农村贫困老年人明显缺乏精神方面的慰藉。

与一般农村老年人尤其与城镇老年人相比，农村贫困老年人文娱生活的丰富度、精神满足感与生活幸福感均低得多。全国老龄委第四次城乡老年人生活状况调查数据显示，城镇与农村一般老年人参加各项文化娱乐活动的比例明显高于农村贫困老年人，他们常常感到孤独的比例分别仅为25.3%和35.7%，他们感到"非常幸福"和"比较幸福"的比例共计分别高达78.2%和63.1%。① 本研究通过入户访谈而知，经济的拮据、受教育程度的不足、家人的不支持以及心理自卑等因素，是导致农村贫困老年人在参与各种社会活动方面的程度远低于其他老年人的重要影响因素，从而也是引致他们幸福感较低的根本原因。

二、农村老年社会救助供给机制存在的问题分析

需求的满足决定于有效的供给。根据前文分析，现代"8+1"农村社会救助制度体系为农村贫困老年群体提供了比历史任何时期水平更高、项目更丰富的老年救助，然而与需求相比较，供给仍显不足，农村贫困老年群体普遍缺乏足够的经济支持、日常照护服务以及精神慰藉等。需求状况反映供给效率，本研究关于农村老年社会救助需求的调研结果反映了我国农村基层老年社会救助工作存在诸多的不足，以及制度机制设计方面存在的问题。因此，下文根据对农村老年社会救助供给主体的调查结果，并结合前面对农村老年贫困者生活状况及需求特征的研究，分析农村老年社会救助供给机制中存在的主要问题及其成因。

---

① 本研究关于贫困老年人文化娱乐生活与精神慰藉方面的调查问卷内容与第四次城乡老年人生活状况调查的问卷内容完全一致。

（一）资金筹集机制：畅通的多渠道筹资体系未真正形成

根据《社会救助暂行办法》以及其他的相关法规政策文件，社会救助资金的来源渠道包括政府财政预算、福利彩票公益金以及社会捐赠，资金筹集的原则是"政府投入为主、社会捐赠为辅，福利彩票公益金为补充"。该筹资原则呼应了社会救助的公共产品属性，但实践中救助资金的筹集存在两个主要问题：一是制度规定了救助资金主要在地方人民政府财政预算中安排，中央财政给予困难地区转移支付，这种规定符合社会救助地方性公共产品的属性，但在当前地方财政普遍比较困难的情况下，很难保证地方社会救助财政投入的充足性。另外，中央政府与地方政府、地方各级政府之间的社会救助资金筹集责任不明确、不规范，各地区往往各行其是，因此难以保障社会救助待遇在区域间的均等化。二是多元化的筹资机制并没有真正形成。从本研究调查结果来看，多数农村地区老年社会救助工作基本依靠政府财政拨款，鲜见有社会捐赠资金的支持。根据统计，2016年与2015年全国各级财政用于农村"低保"和特困救助供养的支出为1243.4亿元和1141.5亿元，彩票公益金用于此两个项目的支出都是区区10.4亿元，近些年社会捐款赠物的价值虽然均达到了几百亿元，但基本上投向了减灾救灾领域。[1] 可以看出，我国社会救助资金来源渠道比较单一，历年财政拨付资金占总救助基金的比例过大。虽然财政救助资金年均有所增长，但单一渠道的资金筹集导致了政府财政负担大，尤其县市级财政的困难，并可能引致对民间慈善救助资金的挤出效应。[2]

总之，政府间财政救助资金分担机制的不完善、地方财政的普遍困难

---

[1] 根据2016年和2015年的《全国社会服务发展统计公报》及《中国民政统计年鉴（2017）》中的相关数据统计而得。

[2] 宋心璐：《我国政府社会救助支出对民间慈善捐赠挤出效应的分析》，武汉大学硕士学位论文，2017年。

以及社会资金流入机制的不健全，表明在农村老年社会救助资金筹集领域并未形成合理的筹资体系，也是最终导致农村老年社会救助供给的总量不足以及供需结构的不一致的重要因素。

（二）需求表达机制：多元的组织化表达渠道缺乏

农村老年社会救助供给不仅存在总量不足问题，还存在供给产品的结构性失衡问题，而产生供给结构失衡问题的重要原因之一，就是缺乏多元的组织化农村老年救助需求表达渠道。现有的农村老年社会救助需求表达程序一般是，老年贫困者（或其代理人）向村委会或基层政府组织反映需求信息，由村委会或基层政府组织传递到有决策权和财权的上一级政府机关，再由上级政府根据一定的程序进行确认，最后反馈到基层政府去处理。这是一种传统韦伯式的通过政府科层组织层层传递的需求表达模式，也是当前很多农村地区最基本甚至唯一的需求表达途径。由此可见，农村老年贫困群体缺乏其他的组织化的救助需求表达渠道，例如缺乏农民自发组成的非政府组织的表达渠道，更缺乏专业化的社会组织的表达渠道。

由于村委会与基层政府组织都是"理性经济人"，它们有自己的利益诉求，当其利益诉求与民众需求不一致时，就很可能有意识地去扭曲和异化民众的需求。另外，村委会与基层政府在民众心中是一种"官"的身份，官民之间天然的距离感也使得村委会与基层政府难以获悉民众的真实需求。因此，单一的以村委会或基层政府组织为主体的组织化表达机制并不能有效合理地使民众的需求得到反映和实现。[1] 当既有的老年救助需求得不到满足而又缺乏表达渠道时，就有可能激发广泛的农村社会矛盾甚至引发农村群体性事件的爆发。而社会组织一般以各种维权、利益诉求和慈善为其活动目标，并且已成为很多发达国家表达民众诉求的重要力量。在

---

[1] 甘肃的杨改兰事件即是例证。

我国，社会组织亦可作为重要的民众需求表达主体，构成有效连接政府和民众的桥梁和纽带。

（三）对象界定机制：识别方面存在瞄准偏差

按照现行政策的规定，所有社会救助项目的提供必须要有申请者提出申请，而后由相关部门按照规定进行资格审查，核定后再予以待遇发放。例如，农村"低保"与特困供养均是在申请者提出申请后，由村委会、乡镇政府和县政府相关部门对申请者的家庭收入资产情况进行审查与公示，通过"三级审查"与"三榜公示"者才能最终获得救助资格。"三级审查"与"三榜公示"制度看起来科学严密，但通过调研我们发现，其实践中有失效之处从而导致救助的瞄准率不足问题，主要表现为：

第一，部分农村贫困老年人因为权利意识不强或对救助政策不了解或需求表达能力差，导致救助申请机制的自我定位功能发挥不足，从而可能出现"漏保"现象。"三级审查"与"三榜公示"制度只是对已有申请者情况的审查和公示，对符合申请条件但未申请者、符合甲救助项目申请条件但申请了乙救助项目者，并不具备识别机制或者优化安置机制。由此可见，农村基层缺乏老年社会救助需求的主动发现机制。第二，村民民主评议看起来公平有效，但很可能发生评议中的"优亲厚友"或歧视人际关系不良者行为，从而出现"不该保的保了、该保的没有保"现象，即"错保"和"漏保"问题。第三，由于农村基层的救助工作人员力量紧张尤其救助服务专业人员的普遍缺乏，乡镇政府和县政府相关部门在申请者家庭经济调查中所起的审查和监督作用并没有很好地发挥出来，从而可能给"福利欺诈者"以可乘之机，即"骗保"问题。第四，"共同生活"标准的不易操作性，可能导致不符合救助资格条件者转变为合格者。本调研发现，一些农村确实存在这样一种现象，有些老年人有几个子女，部分子女有赡养能力，部分没有。老人原本与有赡养能力的子女生活在一起，户口也在一个户口本子上，但后来子女为了老人能拿到"低保"以减轻自己的负担，就与其父母分户并分开居住。

（四）待遇给付机制：针对性的助老措施不足

待遇的给付主要包括待遇水平的给付与待遇项目内容的给付两个方面。在农村老年社会救助待遇水平方面，虽然受助老年人对于政府能够给他们发放救助金普遍表示感激，但他们认为相较于不断上涨的物价，救助标准偏低、调整不够及时，希望政府能够根据老年人的特殊需求予以特殊对待。另外本研究调查发现，农村贫困老年人普遍缺乏日常照料、精神慰藉、医疗救助服务、社会参与机会以及维权服务，当前农村老年社会救助项目待遇给付的主要问题是服务性救助不足。正如前文所述，农村贫困老年人需求照护的比例高达27%，而其中有近三分之一没有得到相应的照护；当老年人与子女或他人发生法律纠纷时，很多情况下是选择忍气吞声，有时会寻求宗族或村委会的调解，但很少想过拿起法律武器维权或者根本不知道到哪里去寻求法律援助，等等。农村贫困老年人遭遇多方面养老服务困境的现状说明，社会救助不但要解决他们的经济困难，更要重视其服务方面的需求满足。

除了诸多的养老服务方面的需求之外，部分农村贫困老年人还有扶贫开发方面的需求。农村贫困老年群体中存在一定比例的年龄较低、身体健康的老年人，对其实施助老扶贫开发有利于提高他们的经济收入与社会参与度，并有助于他们个人价值的实现，实现"老有所养"与"老有所为"的结合。2015年农村脱贫攻坚战略推进以来，一些农村地区开展了对贫困老年人的精准扶贫工作，对其中有一定生产能力的老年人给予有针对性的助老扶贫开发项目支持。但总体而言，农村扶贫开发的重点对象是青壮年劳动力人群，忽视了老年人力资源的开发利用，对低龄健康老年人的助老扶贫开发工作明显重视不足。

（五）管理运行机制：多元主体参与、协同及监督机制的可行性不足

根据本研究对农村基层社会救助工作人员的问卷调查与访谈，基层老年社会救助工作管理运行方面的问题主要集中在以下几个方面：

一是农村基层社会救助事务繁重，但配备的工作人员编制数量却很少，一个乡镇往往只配备一两个工作人员来负责整个乡镇的社会救助事务，更谈不上设置专门的老年社会救助工作人员，导致救助主体对农村老年贫困群体生活状况及其特殊救助需求的漠然或无能为力，由此农村老年社会救助工作的针对性和效率也就难以得到保障。

二是虽然建立了社会救助各责任主体之间的工作协调制度，也明确了要通过政策优惠等手段吸引社会组织参与社会救助，但社会救助工作中的多元主体参与和协调的长效机制并未形成，多数情况下各责任主体各自为政，这不但导致社会救助主管部门即民政部门救助事务繁重、工作压力巨大，而且也是救助工作实践中多头救助、遗漏救助、重复救助问题产生的根源之一。在农村老年社会救助领域，多元责任主体参与供给的机制并不健全，社会组织参与并协同供给的身影较少。

三是由于社会救助工作涉及大量的资金与物资的运作与分配，如果监督机制不畅，极易引起违规操作，造成社会救助资金的流失。民政等部门已经制定了比较详细的社会救助工作内部监督机制，但实践中缺乏可操作性的社会监督机制。另外，社会组织在参与社会救助工作方面也面临监督管理上的困境，政府对社会组织的多头监管往往演变为空头监管，近些年慈善组织募捐丑闻等事件的发生导致社会组织在民众心目中的公信力下降。

上文所论述的农村老年社会救助领域存在的问题，是导致农村老年社会救助综合成本难以下降、救助工作效率不易提高的管理运行机制方面的重要原因。

三、农村老年社会救助供给机制问题的成因分析

根据上文分析，农村老年社会救助需求没有得到有效满足，这源于社会救助核心供给机制存在相应的问题，包括筹资方面缺乏科学的分担机制以及多元化筹资机制没有形成、需求表达方面缺乏非政府组织的专业化表达渠道、对象界定方面精准瞄准机制不健全、待遇给付方面忽视了针对性助老机制的构建以及管理运行方面多元主体参与、协同及监督机制的可行性不足，等等。分析这些核心供给机制问题的成因，是优化农村老年社会救助机制、提高农村老年社会救助工作效率的前提。

（一）对农村老年贫困及其救助问题认识不足

1999 年我国 60 周岁以上的老年人口占总人口比例达到 10%，进入了老龄社会，之后开始了快速老龄化的发展进程。截至 2018 年底，中国 60 周岁及以上老年人口已超过 2.49 亿，占总人口比例达 17.9%，预计到 2050 年该比例将超过 34%。与其他国家相比，中国的老年人口不仅总量大，还呈现出老龄化程度深、老龄化速度快、未富先老、老龄化的区域异质性以及高龄化等显著特征，这在全世界是绝无仅有的。人口老龄化就如一只灰犀牛，远远地站在我们目光所及的地平线上，正朝我们狂奔而来。老龄化社会来势汹汹，伴随而来的是大规模的老年贫困现象。与城镇相比，农村的老年贫困及其养老问题更加严峻。在我国，农村老年贫困群体不仅规模庞大，还具有突出的空巢化、高龄化特点。如此大规模的农村贫困老年人的养老钱从哪里来、谁为他们提供养老服务？显然制度设计并没有及早地予以考虑并做好充分准备。具体而言，对农村老年贫困及其救助的认识与准备不足主要表现在以下两个方面：

（1）对农村老年贫困形势严峻性的认识不足。改革开放以来，国家一直比较重视"三农"问题。2015年开始更是开展大规模的农村精准扶贫工作并取得了重大成就。然而，农村精准扶贫的主要对象是有劳动能力的农村青壮年，贫困老年人与缺乏劳动能力的残疾者等一同被纳入救助体系，实施"兜底"式保障。事实上，农村贫困老年人口数量庞大，其中有较大比例和数量的低龄健康老年人，这些老年人是具有一定劳动能力的"相对年轻的老龄生产力"。随着农村人口老龄化及老年贫困问题的加深，若只是把老年贫困者都兜底保障起来，而忽视了对其人力资源价值的开发利用，不只是浪费劳动力资源，还构成对政府财政持续的、沉重的支出压力。当前农村扶贫开发以及社会救助中对低龄健康老年贫困者就业扶持措施的不足，源于人们的两个认识误区，一是对老年人再就业会挤占年轻人就业资源的担忧，二是单纯地把老年人作为社会或家庭的负担，低估了老年人力资源的价值，而这两个认识误区又导致了社会对农村的人口老龄化及其老年贫困问题严峻性的认识不足。

（2）对农村老年社会救助问题重要性的认识不足。总体而言，贫困老年人的救助需求集中于"养老"需求，包括经济保障、日常生活照料与精神慰藉三方面。根据本研究开展的调查，部分农村贫困老年人表示，由于体衰多病等原因，"低保"（或特困）救助金常常不够日常开销。还有的老年人经济贫困，却没有得到救助；与经济困难相比较，农村贫困老年人的服务性救助需求问题更加突出，有较大比例的老年人表示自己需要照护服务却没有享受到或者受到的照护不足，还有较多的老年人表示自己经常感到寂寞和不幸福，"出门一个人，在家一盏灯"是农村众多留守老年人、空巢老年人的真实生活写照。这些情况表明，农村老年社会救助既存在供给总量不足现象，还有供给结构不合理问题。这些现象与问题的出现，皆源于对农村老年社会救助问题重要性的认识不足。事实上，农村老龄化及老年贫困问题发展迅速，如果不积极、科学地应对农村老年社会救助问题，很可能错失政策的窗口期，引发大面积农村家庭的代际矛盾，甚至引发社会危机。

（二）农村老年社会救助治理能力不足

社会救助体系是现代国家治理体系的关键环节之一，通过解除贫困群体的生存危机以维系社会底线公平，社会救助治理能力的高低决定社会救助效果的好坏。对于农村老年社会救助而言，治理能力的高低主要体现在以下几点：一是农村老年社会救助项目设置是否合理；二是社会救助治理体制与运行机制是否完善；三是农村基层社会救助管理经办人员素质能力是否胜任。根据本研究的调查结果及相关文献资料的分析，农村老年社会救助在这三方面均表现出相应的治理能力不足问题。

（1）农村社会救助项目设置方面存在的最大问题是，没有针对老年人的特殊需要。随着农村人口老龄化、老年人口高龄化的不断发展，因身体患病、失能或残障等原因而导致大量老年人在医疗费用、日常照护等方面的支出不断增加，成为引致大规模农村老年人贫困的一个重要因素。但是，现有的各项救助项目均是针对一般人群设置，例如老年人尤其农村贫困老年人体衰多病，一般而言其日常的医疗费支出比一般贫困者要高出不少，但显然"低保"并没有对此因素予以考虑而给予贫困老年人更高的"低保"金水平；另外，并没有设置针对贫困老年人的护理救助项目。虽然目前一些农村地区考虑到部分贫困老年人有护理需求的情况，在核定"低保"救助金标准时加入了护理需求因素，但据此而增加的救助金水平与市场护理服务价格相比仍显得相当微薄。

（2）社会救助治理体制与运行机制不够完善。社会救助治理体制的问题，主要表现为社会救助制度的分割。社会救助制度分割体现于城乡分割与部门分割，城乡分割源于计划经济年代形成的城乡二元体制，这是导致城乡社会救助不均衡发展的制度因素；部门分割指的是涉及社会救助的部门众多而各部门之间的协作互动却不够，各项救助政策不能很好衔接，各自为政，影响了社会救助整体效能的提升。运行机制问题主要表现为事务重心下沉，基层工作压力大。实践中，农村社会救助管理经办事务基本都下沉到乡镇与村，但与日益增加的工作内容和不断扩大的群众覆盖面相比，多数乡镇工作人员配置却很少，往往只有一到两位，有的小乡镇仅有"半个人"在从事社会救助工作，且村里干部人少事杂。由此可见，农村基层社会救助机构要实现体察民需、改善工作效率，往往是力不从心。

（3）农村基层社会救助管理经办人员专业化程度不高。随着经济社会的发展，民众对社会救助供给数量与质量的要求越来越高，这客观上要求社会救助工作人员不断提升其专业化水平。本研究调查结果显示，当前农村基层社会救助领域的一线工作人员绝大多数是从其他岗位、部门甚至其他行业分配过来，缺乏科班出身的专业人士。虽然上级政府会按一定时间和频率组织开展相关培训，但据反映培训的效果不是很好，社会救助工作人员相关专业知识素养仍显不足，其提供的救助服务与民众需求之间存在较大差距。

（三）社会组织建设滞后于农村老年社会救助需求

根据国际经验，作为与政府公共组织、市场企业组织鼎足而立的第三部门，社会组织在公共产品服务供给中具有弥补政府缺陷和市场失灵的一般功能，与政府公共部门协同合作促进公共产品服务的合理供给。在西方发达国家，社会组织数量之多、影响之大、活动领域之广，已成为各国非常重要的社会治理主体之一。然而，我国的社会组织建设长期滞后于农村老年社会救助需求，这是导致农村老年社会救助供给不足的另一个重要因素。

前文曾论述，计划经济年代社会组织的建立和发展受到严格限制，原有的慈善组织、民间团体或停办或被政府接管改组，变成官方、半官方的政府附属机构，由此政府与社会之间缺乏明确的分化和分工，政府统管一切因而具有"全能政府"特征。改革开放后，国家开始重视社会建设并进入"后全能政府"时代，很多社会组织开始涌现出来。然而迄今为止，政府与社会关系仍呈现"强政府、弱社会"的基本格局，社会组织主体作用发挥明显不足。在社会救助领域，社会救助相关法律法规均规定要注重引导、发挥社会组织社会救助的优势与功能，例如《老年人权益保障法》第三十七条规定，地方各级人民政府和有关部门应当采取措施，发展城乡社区养老服务，鼓励、扶持专业服务机构及其他组织和个人，为居家的老年人提供生活照料、紧急救援、医疗护理、精神慰藉、心理咨询等多种形式的服务；《社会救助暂行办法》第五十五条和第五十六条提出，县级以上地方人民政府应当发挥社会工作服务机构和社会工作者作用，社会救助管理部门及相关机构应当建立社会力量参与社会救助的机制和渠道，为社会力量参与社会救助创造条件、提供便利。但实践中政府几乎包揽了社会救助的制度设计与规范、资金筹集、实施运行以及管理监督等全部职责，社会组织参与合作的身影较少，尤其在广大农村地区。

目前全国层面没有针对农村地区社会组织的统计数据，但随着农村社区建设的推进以及社区农民公共服务需求的增量化、个性化和多样化，国家出台了一些鼓励社会组织发展及协同参与农村公共服务供给的政策，总体而言农村地区社会组织的数量及其服务能力均有所提高，但发展较快的是诸如农业专业经济协会、治安联防队等密切结合农村社区服务需求的组织，老年人、残疾人等特殊群体的服务性组织、维权性组织等则相对较少甚至没有。[①] 另外，我国公益性基金会与美国等发达国家的相比，无论是

---

① 耿云：《城乡社区服务类社会组织现状与发展研究》，2015 年 12 月 18 日，中国社会组织公共服务平台 http://www.chinanpo.gov.cn/700104/92487/preindex.html。

在受赠数额还是捐赠数额方面都存在巨大差距。[①] 在我国，有一些地方政府部门牵头主办诸如敬老爱老公益基金，但为农村贫困老年人设立的社会组织兴办的公益性基金明显不足。可以看出，社会组织在农村老年社会救助产品供给中的协同、补充作用明显不足。

四、小结

本章是对研究前期调查结果的分析与总结。首先，在农村贫困老年人生活状况的问卷调查和个案访谈结果的基础上，分析总结了农村贫困老年人的生活状况及需求特征；其次，在对农村基层社会救助工作人员的问卷调查与访谈结果的基础上，分析总结了农村基层老年社会救助工作成效，但重点是分析农村老年社会救助核心供给机制存在的问题；最后，结合农村贫困老年人生活状况及需求特征与农村基层社会救助工作及其核心供给机制存在问题的分析，探讨了农村老年社会救助核心供给机制问题的成因。以上分析及其结论，将为提出我国农村老年社会救助机制路径优化的政策建议提供依据。

---

　　① 高功敬、高灵芝、谭志福：《中国非公募基金会发展现状、困境及对策研究》，2017 年 12 月 14 日，中国社会组织公共服务平台 http：//www.chinanpo.gov.cn/700104/92487/preindex.html。

第六章 老年社会救助制度的国际实践与启示

1601 年英国女王伊丽莎白一世颁布《济贫法》，这是世界上第一部关于济贫方面的法律，标志着国家和政府开始正式承担起对贫民救济的法定责任。在英国的示范下，世界上其他国家也陆续颁行相关法律，并建立起对贫民包括贫困老年人的社会救济制度，我国则在先秦时期就建立了专门针对老年人的救助体系。此后，各国的老年社会救助制度机制随着历史的推移而历经改革与变迁。自 20 世纪以来，发达国家在建设完善的老年社会救助制度方面已经积累了丰富的经验，有效地降低了它们的老年贫困发生率，一些发展中国家的老年社会救助制度建设也颇具特色。本章结合英国、美国、德国、日本以及巴西、印度等国家的现代实践，归纳总结其建设老年社会救助制度机制的经验、面临的新挑战及改革尝试，为我国老年社会救助制度机制的建立健全提供有益借鉴。

一、发达国家的老年社会救助制度

人口的老龄化往往会给一国的经济增长带来不少困难，更关键的是还会引发比较严重的老年贫困问题，而规模庞大的老年群体将可能因其经济上的贫困与精神方面的孤独而成为社会新的不稳定因素。[①] 20 世纪 70 年代以来，发达国家普遍出现了人口老龄化趋势。为应对老龄化带来的冲击，发达国家通过构筑三重社会政策保护体系[②]来减少（老年）贫困问题的发生，并建立了专门的老年社会救助制度，为无养老金者和养老金不足者提供基本保障。本章分别选取自由主义福利体制的美国、保守主义福利体制的德国、社会民主福利体制的英国以及东亚福利体制的日本作为发达国家代表，以研究它们的老年社会救助制度。[③]

（一）英国的老年社会救助制度

英国是世界上最早建立社会救助制度的国家，也是现代社会救助制度的发源地。二战后，英国政府以贝弗里奇报告为理论依据，依次颁布了《家庭津贴法》（1945 年）、《国民保险法》、《国民工伤法》、《国民健康服务法》（1946 年）以及《国民救助法》（1948 年），据此建立了以社会保险为核心的现代福利保障体系。其中，社会救助制度作为社会保险制度不足的补充，致力于保障社会保险制度所未能解决的各种社会问题的受害者。在老年保障方面，经过战后多轮改革英国形成了多支柱养老保险体系，有效地控制了养老金不足者的数量。根据国际货币基金组织（IMF）的预测，英国将是西方主要七国中唯一一个从 1990~2050 年间公共养老金支出占 GDP 比重下降的国家。然而 20 世纪 70 年代以来，随着经济发展速度减缓以及人口老龄化的发展，英国的老年贫困状况呈加剧趋势，许

---

①　据相关媒体报道，全球老年犯罪率攀升，"银发帮""爷爷帮"频频作案。从英国、荷兰等西方发达国家，再到亚洲的韩国、日本、中国，老年人犯罪率都呈现攀升的迹象。媒体认为，贫穷和孤独可能是老年人犯罪率增加的最重要原因。

②　此三重社会政策保护体系是：一是劳动力市场政策，通过培育富有弹性的正式的劳动力市场来促进劳动力资源的有效配置；二是养老金和社会保险计划，为计划的参与者提供基本保障；三是社会救助制度，为贫困者提供合理的生活水平。

③　此划分方法基于艾斯平·安德森对福利体制的划分。见 Esping-Andersen, G., *The three worlds of welfare capitalism.* Cambridge：Polity Press，1990。

多老年人的基本生活依赖于社会救助制度的援助，政府社会福利支出快速增加。面对日益沉重的财政压力，英国开始了社会救助制度的改革。

自撒切尔政府以来，英国老年社会救助制度总的变革趋势是服务型救助越来越占据重要地位，同时对申请者设置的受益资格趋于严格。为了实现"帮助真正需要帮助的人"的目标，英国政府将传统的家计调查法与目标群体（如贫困老年人群）定位法相结合，从而提高了救助基金的使用效率。[①] 此外，在对福利制度进行重构的过程中，英国逐渐由"凯恩斯主义福利民族国家"转变为注重竞争与合作的"熊彼特主义竞争国家"，政府将更多的权力和资金下放给社区、慈善机构和公众，以提高公共服务效率和水平，并节约国家福利开支。[②] 目前英国老年社会救助的内容主要有：

收入扶持（Income Support）：1986年，英国的《社会保障法》将原来的贫困补助待遇（Supplementary Benefit）改成贫困收入扶持（IS）。IS是英国政府为低收入人群设立的需进行家计调查的现金援助计划，类似于我国的最低生活保障计划提供的低保金。与我国的最低生活保障计划功能相似，贫困收入扶持计划构成英国社会救助体系的基础。但与我国最低生活保障计划不同的是，该计划的补贴对象通常是病残者、单亲家庭以及六十岁以上的老年人，而且发放标准不是统一的，而是根据受助者的年龄、家庭状况不同而补贴的力度不同。英国是福利国家，在贫困线的划定上，采用中位线数计算法，即以全国居民收入中位数的60%划定贫困线，这使得英国贫困标准比国际贫困标准要高出10%，这也增加了英国统计的老年人贫困数量并使更多老年人具备获得IS计划援助的资格。

医疗救助（Medicaid）：1948年英国实施《国家卫生服务法》，创建

① 孙洁：《家庭财产调查在英国社会救助制度中的功能及其启示》，《学习与实践》，2008年第1期。
② 王永茜：《英国福利制度改革："社会关怀"还是"社会控制"?》，《国外理论动态》，2019年第1期。

了国民健康服务（NHS）体系，该体系成为战后英国最重要的福利制度之一。NHS 体系为英国国民提供几乎免费的医疗服务，此外还对特殊人群如贫困老年人实施医疗救助。由于老年人口是就医的最大群体，因此贫困老年人构成 NHS 医疗援助的最大群体。NHS 的医疗援助主要是免除 NHS 一些需要个人负担的费用，如牙医费、假发费、手术材料费及来接受治疗的路费等。对于贫困老年人，NHS 医疗救助还实行上门免费看病、上门保健护理服务以及优先服务等。

英国的老年人医疗救助不但保障贫困老年人的生理健康，其心理健康也是制度保障的重要内容。NHS 体系提供的老年人心理健康服务虽然不是专门针对贫困老年人，但由于贫困老年人心理健康及由此带来的社会排斥问题往往最为突出，因此为解决贫困老人的社会排斥问题，老年人的心理健康服务已经越来越构成英国贫困老年人医疗救助的重要内容。[1]

社区照顾（Community Care）：英国早于 20 世纪 30 年代就进入老年型社会，社区照顾作为应对老龄化社会养老问题的产物，即发轫于英国。1990 年，英国颁布《国家健康和社区照料法》，鼓励第三部门的发展。经过三年实践，1993 年社区照顾养老模式在全国实施。由于其在解决老龄化社会养老问题方面的突出优势，英国的社区照顾养老模式目前已经成为各国争相模仿的典范。

目前英国社区照顾有两种运作形式：一是家居内照顾，由家人、朋友、邻居和社区志愿者为老年人提供相关家居服务；二是社区内照顾，由专业人员利用社区资源和服务设施（如托老所）对老年人进行开放式的院舍照顾，其主要对象是贫困老人、空巢老人等。社区照顾提供的服务内容主要有三种：日常生活照料、精神慰藉和物质援助。关于社区照顾的费用，英国各地方政府政策差异较大，一般根据老年人的经济情况来收取，

---

[1] 刘苏荣：《战后英国社会救助制度研究》，云南大学出版社 2015 年版。

对于贫困老年人会给予适当减免。社区照顾运作模式是典型的官办民营，以社区为依托，政府发挥主导型作用（政府承担立法、监督与财政支持的职责），辅以市场化的运作，由专业机构提供服务，国家逐步从公民的福利服务提供中后撤，形成官民结合的运作格局。

养老金补贴计划（Pension Subsidy Scheme）：养老金补贴计划于 2003 年实施，包括保证补贴和储蓄补贴两个部分。保证补贴是专门针对 60 岁以上老人的收入支持计划，如果个人的储蓄超过 1 万英镑，则保证补贴将被削减；储蓄补贴的政策目标在于鼓励储蓄行为，使那些有一定储蓄的老人得到更好的政策待遇，适用对象是 65 岁以上的养老金领取者，申请者收入达到一定水平就会丧失领取资格。

（二）美国的老年社会救助制度

美国的社会救助制度始建于 20 世纪 30 年代。随着战后社会经济的发展，美国政府不断完善其社会救助法律体系，济贫措施出现了扩充。1962 年颁布的《公共福利修正案》强调，联邦政府的社会救助从对贫困者的物质和现金资助转向服务和技能的提供。自 20 世纪 80 年代以来，由于福利开支的日益庞大及公共舆论的压力，美国对社会救助进行了一系列改革，重回有限救助模式，采取的改革措施有严格救助资格条件、缩减保障范围及时间、重点救助无劳动能力者等。1998 年，美国政府引入"资产建设"福利项目以帮助贫困者脱贫。另外，美国政府为社会组织参与社会救助提供了广阔的发展空间，由此不仅降低了政府的社会救助成本，而且培育了社会组织的社会功能，提高了社会救助效率。

1935 年美国国会通过的《社会保障法》（Social Security Act，SSA），授权各州建立针对不同弱势人群的援助计划，其中包括老年社会救助项目（Old Age Assistance，OAA）。《社会保障法》同时还提供了另一个老年福利项目，即由联邦政府管理的老年及遗属保险（Old Age Survivors Isurance，OASI）。① 最初，OAA 在津贴领取者人数和资金支出规模方面大大超过 OASI。② 20 世纪 50 年代以后，随着 OASI 及多支柱养老保险体系的发展，OAA 的规模逐渐缩小。后来受人口老龄化等因素的影响，美国老年贫困率上升，OAA 的规模又开始扩大。

OAA 为贫困老年人提供现金和非现金救助，现金救助项目为补充性保障收入计划（Supplemental Security Income，SSI），非现金救助项目包括医疗救助（Medicaid）、住房救助（House Relief）与食品券（Food Stamp，FS）计划等。

补充性保障收入计划（SSI）：由于多种因素的影响，美国的老年贫困发生率是比较高的。例如 2014 年美国的老年收入贫困率为 20.9%，高于 OECD 的老年收入贫困发生率（12.5%）和美国整体人口的收入贫困发生率（16.8%）。③ 因此联邦政府出台一种收入援助计划即 SSI，它向低收入或无收入的 65 岁以上老人提供现金帮助，以保障其在吃、穿、住、行等方面的基本需要。SSI 资金基本来源于联邦政府的财政拨款，但主要由州政府和地方政府决定救助的资格标准和救助水平，并负责该项目的行政管理，因此不同的州保障水平差异较大。老年 SSI 申请者须符合年龄 65 岁及以上、无收入或收入低且财产少的基本条件。

医疗救助（Medicaid）：医疗救助是根据 1965 年《社会保障法》设立的、以穷人和伤残者为保障对象的医疗援助项目。医疗救助费用由联邦政府和州政府共同负担，对象条件、待遇及审核规则由各州规定。美国许多州规定，享受 SSI 者同时可以享受医疗救助，有的州则以财产和

---

① OASI 是美国政府针对劳动人口建立的、缴费型的基本养老保险制度。

② Andreea，Balan C. （2007），*Healthy, Wealthy and Wise? The Impact of the Old Age Assistance Program on Elderly Mortality in the United States*. https：//papers. ssrn. com/sol3/papers. cfm? abstract_ id=1115333.

③ OECD （2017），*Pensions at a Glance 2017: OECD and G20 Indicators*，OECD Publishing，Paris，https：//doi. org/10. 1787/pension_ glance-2017-en.

收入作为限制，一般 65 岁以上的老年贫困者都能获得医疗救助。接受医疗救助者从住院到门诊，从检查到手术治疗大部分都不用自己花钱。[①] 除此之外，绝大部分州医疗救助计划还包含护理院和家庭健康护理两种长期护理费用补偿，可以支付因为慢性病或损伤导致的长期护理和看护服务。在大部分州，医疗救助是家庭和社区长期护理（HCBC）费用最大的公共支付者。[②]

食品券（Food Stamp，FS）：食品券计划是由联邦政府与地方政府共同出资，向无收入和低收入的老年人、残疾者、失业者等发放一种可以购买食物的票券，通常在指定的商店可用，目的是确保贫困者能获得基本食物需求的满足。大多数州规定，食品券领取者纯收入不能超过贫困线，总收入不得超过贫困线的 1.3 倍。

住房救助（House Relief）：20 世纪 70 年代前，住房救助的主要方式是提供公租房。1974 年美国颁布《住房与社区发展法案》，授权联邦政府对租用私人住房的低收入家庭给予房租补贴，于是租金补贴与税收减免成为主要的住房救助方式。为满足贫困老年者的基本住房需求，美国政府鼓励社会资本兴建廉价老年公寓，政府提供租金补贴给房主或对房产商实行税收的优惠减免。

在美国，社会救助各项目的实施，均需进行严格的家计调查。家计调查分为资产调查和收入调查，申请者被调查的收入包括现金、支票、养老金和一些非现金收入，如食品等；对于贫困老年人的救助，政府采取限制需求和增加供给双管齐下的政策，尽可能采取非现金的支付方式，即实物和养老服务方式。

研究表明，自美国实施 OAA 以来，通过提高收入、改善医疗和转变行

---

① 冯英、聂文倩：《外国的社会救助》，中国社会出版社 2007 年版。
② 辛怡、王学志：《美国、日本长期护理救助制度及其对中国的借鉴》，《南方论刊》，2011年第 2 期。

为方式，有效地降低了美国贫困老年人的死亡率。[1] Kathleen M. McGarry 指出，SSI 虽然没有消除美国的老年贫困现象，但它确实大大降低了美国老年贫困的发生率。[2] 有的研究则表明，OAA 的实施引致了美国部分老年人提前退休。[3]

（三）德国的老年社会救助制度

由于德国发展了一个广泛的以社会保险为基础的社会保护体系，社会救助被定位于"补缺"角色。例如，2003 年德国社会救助支出仅占其社会公共支出的 4.2%。[4] 现代意义上的德国社会救助制度确立于 1961 年的《联邦社会救助法案》，该法案明确了德国社会救助的基本任务、内容与组织结构。2004 年，德国施罗德政府推动社会救助制度改革，把原先高度统一、均质的社会救助制度改革为一种分层的、异质的制度，即根据给付对象不同而加以区别对待的制度。[5] 由此，德国针对老年人的社会救助制度开始建立。与对具有工作能力的贫困者的保障（目的是促进其就业）不同，德国老年社会救助对老年人的保障更多是出于社会保护和社会安全的考虑。改革后有工作能力者申请社会救助的难度加大，与此同时老年人获得救助待遇的条件却更加宽松，德国老年收入贫困发生率在 OECD 国家中处于较低水平。

---

① Andreea, Balan C. (2007), *Healthy, Wealthy and Wise? The Impact of the Old Age Assistance Program on Elderly Mortality in the United States*, https://papers.ssrn.com/sol3/papers.cfm? abstract_id=1115333.

② Kathleen M. McGarry (2002), *Guaranteed Income, SSI and the Well-Being of the Elderly Poor*, http://www.nber.org/chapters/c9748.

③ Friedberg, Leora, *The Effect of Old Age Assistance on Retirement.*, Journal of Public Economics, 1999, 71 (2): 213-232.

④ Adema, W. (2006), *Social Assistance Policy Development and the Provision of a Decent Level of Income in Selected OECD Countries*, OECD Social Employment and Migration Working Papers, No. 38, OECD Publishing.

⑤ 刘涛：《德国社会救助制度改革及我国低保制度的启示》，《社会保障研究》，2011 年第 2 期。

目前德国的老年社会救助内容主要分为生活费用救助与特殊生活条件救助两大类。

生活费用救助（Living Cost Relief）：生活费用救助类似于我国的最低生活保障制度，它是德国社会救助制度最主要的救助内容。该项目的救助包括"标准基础费用""额外需求补贴"和"住宿暖气"三部分：一般的群体贫困者获得"标准基础费用"补助；一些特殊生活条件下的群体如65岁以上老年人、失去劳动能力的残障者可以获得"标准基础费用"之外的"额外需求补贴"；除此之外，需要救助者还可以获得住房暖气补贴，还为其必要的社会文化精神生活需求的满足提供必要支持。① 另外，政府还为贫困老年人代缴医疗保险和老年护理保险费用等。

特殊生活条件救助：该项目类似于我国的专项救助和临时救助项目，包括医疗救助、住房援助、残疾人社会整合救助、护理救助等。千禧年以来，德国为贫困老年人提供的最主要特殊生活条件救助是护理救助。1961年德国颁布《联邦社会救助法案》，该法案规定在社会救助制度中建立专项的护理救助制度，该制度仅提供给那些需要长期护理服务而个人及其家庭收入完全无法支撑其成本的人，并且申请护理救助需经过严格的收入审查。20世纪70年代以来，由于长期护理需求的快速增长，德国的护理救助制度不堪重负。例如，西德的长期护理救助人数从1970年的26万迅速增长到1990年的54.6万。② 1992年，德国州政府共支付了420亿马克的社会救助金，其中34%为长期护理救助支出。③ 对于个体而言，无论是在发达国家还是发展中国家，相对于老年人的养老金水平，专业护理价格都相当昂贵，护理费用的支出会使一个老年人迅速跌入贫困陷阱。1995年，

① 刘涛：《德国社会救助制度改革对我国低保制度的启示》，《社会保障研究》，2011年第2期。

② Cuellar, A. E., Wiener, J. M. *Can Social Insurance for Long-term Care Work? The Experience of Germany*, Health Affairs, 2000, 19（3）: 8-25.

③ Gtting, U., Haug, K., Hinrichs, K. *The Long Road to Long-term Care Insurance in Germany*, Journal of Public Policy, 1994, 14（3）: 285-309.

德国在全球率先建立第一个长期护理保险制度，这是德国对世界社会保险事业的又一大开创性贡献。[①] 该保险制度的目的在于为护理救助制度卸压以及防止更多的老年人因护理支出陷入贫困。不过让人意外的是，千禧年之后德国护理救助制度与护理保险制度双双增长，[②] 这说明救助制度与保险制度并不必然是此消彼长的关系。

德国老年社会救助遵循辅助性原则，即救助是一种用尽其他办法仍不能保障生活必需时采用的辅助手段；制度目的在于满足老年贫困者基本的生活需求和社会参与需求，使之能够过上一种符合人的尊严的生活。在制度运行方面，德国联邦政府负责社会救助的立法与监督，地方政府、市县政府以及民间慈善组织则是具体操作的单位。

（四）日本的老年社会救助制度

日本是一个在诸多方面与中国有很大相似性的国家，例如日本是亚洲老龄化最严重的国家，其地理位置、社会观念与我国相近，另外日本长期护理制度发展较为成熟，护理救助制度匹配较为成功，因此日本能在解决老年保障问题方面给中国以很多启示。二战后，日本发展起一个由老年收入保障、医疗护理保险和老年福利服务三大系统构成的老年社会保障及防贫体系。[③] 1946 年日本政府颁布实施《生活保护法》，该法所规定的生活保障制度即是日本的社会救助制度，并为适应社会发展和人口老龄化而进行了多次修改。近年来，日本的老年贫困问题越来越突出，为此政府通过完善老年保障制度、鼓励健康老年人再就业等综合措施予以应对。对已经陷入贫困的老年人，日本社会救助制度提供的主要救助措施有：

---

① Harrington, C. A., Geraedts. M., Heller, G. V. *Germany's Long Term Care Insurance Model: Lessons for the United States*, Journal of Public Health Policy, 2002, 23（1）: 44-65.

② 即领取护理救助的人数及政府护理救助资金支出，与参与护理保险的人数及其资金支出在同一时期都上升的局面。

③ 田香兰：《日本老年社会保障模式的解析》，《日本研究》，2008 年第 3 期。

生活救助：生活救助的标准根据需要生活保护者的年龄、性别、家庭结构及其所在区域的级别来核定，并实行保护基准原则，即先由厚生省确定不同地区的最低生活费用标准，在此基础上对申请保护人的财产收入与该基准相比不足部分进行生活补助。除这种差额补助外，还有年终一次性发放营养费补助、入院患者用品补助及各种补助等形式，这种补助是以高龄者、单亲母子家庭、残疾人等为对象的额外补贴。①

就业援助：据报道，2018 年 3 月初日本总人口 1.2652 亿，较 2017 年同期减少 23 万人，日本 65 岁以上老年人口占总人口的 27.7%。② 严重的老龄化引致相应的老年贫困问题，老年人再就业成为必然选择。为鼓励健康老年人积极就业，政府出台各种鼓励政策与措施，因此与其他发达国家相比，日本老年人的劳动参与率非常高。例如，政府会给接受生活救助的老年人在开业或就职时以费用补助或参加技能学习时给以补贴。1971 年政府颁布了《中高龄者雇佣促进特别措施法》，虽然日本老年人的就业仍存在一些问题，但是该法为促进老年人的重新就业及社会参与铺平了道路。2013 年政府制定了《继续雇佣制度》，规定各地设立老年人才中心，为老人提供临时短期就业服务，且企业有义务保证老年人自愿延长就业，对雇佣退休年龄的老人的企业，政府会给予多方面鼓励与支持。

护理救助：1946 年日本颁布的《生活保护法》规定了对贫困者的多项救助措施，护理救助是其中一项。后来日本将护理救助从公共救助制度中分离出来，建立专门的老年人护理救助制度。随着高龄少子化现象的扩展及妇女外出就业的增加，日本越来越多的老年人需要社会化的护理服务。于是，2000 年日本开始实施社会护理保险制度，并且规定护理服务

---

① 吕雪静：《日本社会救助制度的最新改革及对中国的启示》，《苏州大学学报（哲社版）》，2016 年第 3 期。

② 《日本老龄化现"新情况"：老年人口中"75 岁"过半》，2018 年 3 月 22 日，https：//news. online. sh. cn/news/gb/content/2018-03/22/content_8825505. htm。

的享受必须以缴费为条件，享受生活救助者的护理保险缴费也不能免除，但可由最低生活保障金（即生活救助金）补足。得到最低生活保障金补助的老人要自行向所在的地方政府部门缴费，由此低收入老人得以加入护理保险制度。当低收入老人发生护理给付需求时，由政府规定的护理机构提供居家护理或机构护理。护理救助服务内容和给付范围与护理保险几乎一致，包括上门看护、上门康复服务、通所护理、支付居家福利用具购入费等。日本长期护理制度还规定了根据不同收入等级相应减免费用的制度，既包括对护理保险缴费的减免，也包括对护理服务给付时的补贴。①可以看出，与美国的长期护理救助嵌入医疗救助制度当中不同，日本的长期护理救助则是嵌入长期护理保险制度之中，并建立了较为完善的长期护理救助体系。

除以上项目之外，符合条件的日本贫困老年人还能获得住房救助、医疗救助以及丧葬救助等。住房救助是在支付房费、房租或修理费等方面出现困难时由政府给以的补助。医疗救助即是当接受生活救助的老年人生病或受伤时，由政府指定医疗机构就医，或是因支付医疗费使收入低于最低生活家庭经济状况标准时支付现金给以帮助。丧葬救助则是当贫困户家人去世，需要举行葬礼时所提供的资金救助。总的来说，日本以建立健全各种保障法规为基础，以强化对贫困老年人口的社会服务为中心，注重提高贫困老年人的自理、自立能力，可以说这是日本解决人口老龄化和老年贫困问题取得成功的主要原因。

二、发展中国家的老年社会救助制度

发展中国家的老年社会救助与发达国家存在较大的差异性。在发达国

---

① 张萱：《日本护理救助制度的介绍与分析》，《东南亚纵横》，2009 年第 6 期。

家，老年社会救助制度的目的在于促进社会成员的收入维持，从而提供填平贫富差距的收入转移支付计划；在发展中国家，老年社会救助制度的目的在于反贫困，由此提供涉及一系列的解决多维贫困和社会排斥的反贫困计划。另外在老年社会救助的规模、范围及制度化等方面，发展中国家和发达国家也存在较大的差距。[①] 巴西的经济发展水平在发展中国家处于高位行列，印度经济则落后于我国，但两国在改革背景方面与我国有较多相似之处，例如巴西也面临经济转型与社会整合的挑战，印度的城乡分割与人口特征等方面与中国类似，巴西与印度的社会救助改革实践可为我国提供有益借鉴。

（一） 巴西的老年社会救助制度

巴西是为数很少的为老年人建立大范围非缴费型养老金计划[②]的发展中国家之一，非缴费型养老金计划的目的在于削减社会的贫困与不平等。[③] 1934 年，巴西宪法确立了公民的社会保障权利，但把农业和非正式部门的工人排除在外。由此，针对正式部门工人的社会保险制度如医疗保险、养老保险、工伤保险得到了发展。但与发达国家社会保险覆盖范围"由强到弱"的发展机制不同，城乡分割的存在以及正式与非正式部门的分离，给巴西的社会保险计划向社会其他群体的扩展形成了明显的限制。于是，为扩大社会保险的范围，巴西构建了大范围的目的在于反贫困和不平等的非缴费型养老金计划，这些计划主要有：

农村养老金计划 （Prêvidencia Rural，PR）：1963 年，出于政治调解的

---

① Armando B. , and Sony P. （ 2013）, *Delivering effective social assistance: Does politics matter?* ESID Working Paper No. 09, www. effective-states. org.

② 非缴费型养老金包括对贫困老年人的现金转移支付、辅助养老金、老年补助金，不包括残障和遗属养老金。

③ Armando B. （2006）, *Cash transfers for older people reduce poverty and inequality* , Draft Background Paper for WDR 2006: Equity and Development, http: //siteresources. worldbank. org/INTRANET-SOCIALDEVELOPMENT/Resources/Pensions_ Brazil_ Bangladesh_ SouthAfrica_ Barrientos. pdf.

目的，巴西政府为农业部门的工人建立了非缴费型养老金计划 FUNRURAL，但受益对象仅限于老年人。至 20 世纪 70 年代该计划有所发展，但覆盖范围仍为贫困家庭的户主，津贴水平也低。1985 年，巴西军政府的独裁统治结束，社会开始了对社会保障制度的根本反思，并开始了一系列的农村老年养老金改革。1988 年，新修订的宪法将社会保障权利扩展至所有公民。1993 年，一个新的农村养老金计划即 PR 诞生，取代了原来的 FUNRURAL。PR 制度目标瞄准脱离于社会保险计划之外的工人，受益对象为从事自给或非正式农业的人员（男性 60 岁及以上，女性 55 岁及以上），无需收入或身体不活跃的证明。PR 资金 10% 来源于社会保险的附加补贴，90% 来源于政府财政。

社会救助养老金（Benefício de Prestação Continuada，BPC）：在巴西的城市，非缴费型养老金计划没有像在农村那样受到社会的诸多关注，尤其在政府和工会层面，因为担心它会削弱大家对社会保险项目的缴费。然而，1974 年巴西军政府为特困老人和残障者建立了老年救助金（Renda Mensal Vitalícia，RMV）。RMV 支付相当于最低工资 50% 水平的津贴，给予那些年龄 70 岁及以上的没有其他生活来源的老人，该计划适用于农村和城市地区，但要求受益者至少有 12 个月的正式社会保险的缴费记录。1996 年，RMV 被 BPC（Benefício de Prestação Continuada）所取代，受益者年龄资格由 RMV 下的 67 岁逐步降至 2005 年的 65 岁。BPC 的申请者需接受家计调查，其家庭人均收入不得超过最低工资的四分之一。BPC 不要求受益者有缴费记录，但必须每两年接受一次资格审查。

相对于其他弱势群体和福利计划，老年贫困和因此而构建的非缴费型养老金计划在巴西备受关注和支持，这是一个有趣的问题。虽然有人基于效率因素或贫困削减成本等原因而对财政优先支持老年贫困者表示怀疑，但相关证据仍表明，非缴费型养老金计划所获得的社会支持（83.7%），相比失业保险（73.4%）和国防（32.4%）而言确实更多。Atkinson 认为，老年贫困获得的社会关注越多、越强烈，其所能获得的政治支持将越多。相比于失业保险，老年更易于被证实和更少遭遇道德风险；[①] Lund 指出，社会更支持养老金计划是因为大家都知道自己有一天会老去，但不一定会遭遇失业、残障风险或成为单亲家庭。[②]

相关研究表明，巴西非缴费型养老金计划有很重要的削减贫困的特性：相比于减少贫困差距，更有利于降低贫困发生率，减少了受益者家庭陷入贫困的可能性。[③] 未有证据表明，非缴费型养老金计划降低了社会不平等，但其确实增加了巴西的农业生产[④]和家庭共同居住儿童的人力资本投资[⑤]，这会对贫困和不平等问题产生长远影响。若用一系列福利指标来评估巴西老年人福利状态的变化，则有证据表明，非缴费型养老金计划具有支持和促进老年人及其他弱势群体功能的作用。[⑥]

（二）印度的老年社会救助制度

与中国相似，印度不但人口数量庞大且其中大部分为农村人口，并呈现明显的城乡二元经济社会特征。二元化的经济社会结构导致养老保障的二元化，缴费型的基本养老保险制度只覆盖部分城镇正规就业人员，多数

---

① Atkinson, A. B., *Social Insurance*, in A. B. Atkinson (ed.) Incomes and the Welfare State: Essays on Britain and Europe, Cambridge: Cambridge University Press, 1995: 205-219.

② Lund, F., *Understanding South African social security through recent household surveys: new opportunities and continuing gaps*, Development Southern Africa, 1999, 16 (1): 55-67.

③ Delgado, G. C. and J. C. Cardoso (2000a), *Condicões de reproducão econômica e combate à pobreza*, in G. C. Delgado and J. C. Cardoso (eds.), A Universalização de Direitos Sociais no Brazil: a Prêvidencia Rural nos anos 90, Brasilia: IPEA.

④ Delgado, G. C. and J. C. Cardoso (2000b), *Principais Resultados da Pesquisa Domiciliar sobre a Previdência Rural na Região Sul do Brasil*, Texto para Discussao 734, Rio de Janeiro: Instituto de Pesquisa Econômica Aplicada.

⑤ Carvalho, I. (2000b), *Household income as a determinant of child labour and school enrollment in Brazil: Evidence from a social security reform*, mimeo: MIT.

⑥ Barrientos, A. (2003a), *Non-contributory pensions and the well-being of older people: Evidence on multidimensional deprivation from Brazil and South Africa*, mimeo, Manchester: IDPM, University of Manchester.

老年人游离于正式的基本养老保险制度的保障之外。为解决此问题，印度政府一方面鼓励自愿性养老金储蓄计划发展，另一方面在其 1960～1965 年五年计划中提出建立非缴费型养老金制度的任务：由于储蓄能力不足与优惠政策不完善等原因，自愿性养老金储蓄计划的参与率很低；在中央政府资助下，由地方主导的非缴费型养老金计划得到一定发展，例如拉贾斯坦邦在 1974 年建立非缴费型养老金计划，为贫困老年人提供现金救助，但此计划覆盖面和待遇水平受制于地方财政能力。

随着人口老龄化及城市化的发展，印度空巢老人比例不断上升，农村地区情况尤甚。这些老年人往往没有足够的养老储备，老年贫困问题日益严重。为缓解贫困和社会不平等，1995 年印度中央政府开始整合各邦的非缴费型养老金计划。目前，印度为贫困老年人提供的非缴费型养老金（亦称老年人救助专案）项目主要有：

甘地国家养老金计划（IGNOAPS）：1995 年，印度把包括国家养老金计划（NOAPS）在内的国家社会救助计划（NSAP）纳入中央财政预算。国家养老金计划是一种以减贫为目的的非缴费型老年保障制度，受益对象限定为无法依靠自己收入、家庭成员支持或其他途径获得足够保障的 65 岁及以上贫困老年人，采取家计调查的形式发放现金津贴。2007 年，国家养老金计划改革为甘地国家养老金计划。IGNOAPS 将受益者资格调整为所有生活在贫困线以下家庭的 60 岁及以上老人，并提高养老金津贴水平，60～79 岁之间津贴水平设定为每人每月 200 卢比（一对老年夫妇则为 300 卢比），80 岁及以上的为 500 卢比。不过，该计划没有建立与 CPI 及工资增长率挂钩的津贴调整机制。

食物补助计划（Annapurna Scheme，AAY）：2000 年，印度政府开始实行食物补助计划，也称安娜普娜计划，该计划向符合国家养老金计划（NOAPS）领取资格，但实际没有获得救助的老年人提供相应数量的谷物救济，为保障对象提供可供兑换谷物的口粮卡。甘地国家养老金计划

（IGNOAPS）和安娜普娜计划（AAY）资金均来源于中央和联邦政府的财政拨款，行政管理则由中央、邦及地方政府分工负责。2009 年，寡妇津贴和伤残津贴纳入非缴费型养老金计划，分别向生活在贫困线以下的丧偶妇女和严重伤残者提供救助。至此，印度两级政府财政融资与多级政府管理的包括现金与实物救助的贫困老年社会救助制度基本确立。[①]

印度老年社会救助制度总体效果积极，在救助贫困老年人上发挥了很大作用，而且在促进受益者家庭人力资本投资、降低其家庭贫困深度方面也发挥了一定作用。根据印度 RSPS（拉贾斯坦社会养老金调查）2006 年的数据，39%的养老金受益者与家庭分享其养老金，2%的养老金受益者则把其养老金全部用于其他家庭成员支出。

但是，该制度的整体效果尚需提高，在民众对非缴费型养老金计划的认知度、制度的覆盖率、制度对保障对象的瞄准效果以及制度的参与率等方面，与政府所制定的目标存在较大差距。例如，印度老年社会救助制度实际覆盖了 5.3%的老年人口，与政府所制定的 6%目标覆盖率存在差距，与 20%左右的老年贫困率差距更大。而且，养老金的津贴水平也很低，只相当于贫困线的 27%。[②] 在制度保障对象瞄准方面，最贫困收入组（按收入高低五等分）中大约 70%的人没有获得谷物补助卡（AAY Card）或低于贫困线卡（BPL Card），与此同时，最富裕收入组中的 13%却获得了谷物补助卡与低于贫困线卡中的一种。[③] 有研究表明，印度中央政府把救助计划实施权交由地方政府，是导致中央政府对于该计划控制力弱、地方

① 李亚军：《印度非缴费型养老金制度发展评述》，《南亚研究季刊》，2014 年第 1 期。

② Puja Vasudeva Dutta（2008），*The Performance of Social Pensions in India：The Case of Rajasthan*，Social protection discussion paper, no. 0834. Washington, DC：World Bank Group. http：//documents. worldbank. org/curated/en/470971468159329672.

③ Ajwad, M. I. （2007），*Performance of Social Safety Net Programs in Uttar Pradesh*，Social Protection Discussion Paper No. 0714，World Bank.

政府把资金挪作他用以及延迟津贴支付的重要原因。[①]

三、小结和启示

20 世纪以来，世界上很多国家或主动或被动地进行了老年社会救助改革，这些国家不同背景、不同目的的改革，为当代中国老年社会救助改革提供了不同角度的参考和借鉴。年老与贫困直接相关，计划生育政策的推行以及人口预期寿命的增长，导致我国严峻的人口老龄化问题，随之而来的是日益凸显的老年贫困现象。经过三十多年经济的高速发展，我国已经步入中高收入国家行列，但不同社会成员间的收入分配差距明显偏大，收入不平等问题包括老年人群之间养老资源不均衡问题突出。在这种时代背景下，我国必须借鉴国际经验，优化老年社会救助制度机制，以实现"老有所养"目标。

（一）应对老龄化，建立专门的老年社会救助制度

为应对老年人口比例和老年贫困发生率日益攀升的难题，发达国家和发展中国家纷纷建立发展独立专门的老年社会救助制度。发达国家老年社会救助制度的实施有效地降低了其老年贫困发生率，为贫困老年人提供了比较体面的老年生活水平与坚实的社会保护，促进了社会稳定。发展中国家的老年社会救助制度也发挥了比较积极的影响。例如，巴西的老年社会救助制度在一定程度上降低了其老年贫困者的数量，增加了受益者家庭的农业生产与人力资本投资水平；印度的老年社会救助制度在改善贫困老年

---

① Puja Vasudeva Dutta（2008），*The Performance of Social Pensions in India：The Case of Rajasthan*，Social protection discussion paper；no. 0834. Washington，DC：World Bank Group. http：//documents. worldbank. org/curated/en/470971458159329672.

人生活、降低受益者家庭的贫困深度方面亦有一定效果。另外，老年社会救助制度的实施，对缓解贫困家庭的贫困恶性循环与社会不平等也有着深远影响。

随着时间的推移，我国的老龄化程度越来越严重，老年贫困现象日渐凸显，农村老年贫困问题尤甚。在养老金缺乏或不足、养老服务体系还未建立的背景下，越来越多的农村老年人开始步入贫困者行列，农村老年人"因贫致病"现象突出，"因病致贫""因病返贫"亦呈日益上升趋势。因此，我国应加快建立分层式社会救助制度，根据老年人的特殊需求建立专门的老年社会救助制度，这不但有利于降低我国农村老年贫困发生率，防止受益者家庭收入下滑，还能促进家庭和谐和整个社会的稳定发展。

（二）推进立法，促进老年社会救助制度的稳步发展

社会保障制度起源于西方发达的工业化国家，经过几个世纪的发展，发达国家的社会保障制度已经发展得比较完善。发达国家社会保障制度发展的一个重要特点，是以立法来推进制度的建立健全。例如，英国1601年颁布《济贫法》，以此法为基础建立社会救助制度。此后三百多年，《济贫法》历经修改以适应制度发展的需要。1948年英国废止《济贫法》并颁布《国民救助法》，由此建立现代社会救助制度。除了一般法之外，英国还根据老年社会救助的需要，颁布相应法律如《国家健康和社区照料法》来推进老年救助制度的发展。在德国，社会保险制度（包括养老保险制度）的形成是以一系列社会保险法的颁布为前提的，其社会救助制度的建立、改革与完善的历史也是一部社会救助法律的发展史。1935年美国颁布《社会保障法》，标志着美国现代社会保障制度（包括养老保险和老年贫困救助制度）的建立。日本的社会救助制度始于1932年的《救护法》，1946年日本政府颁布《生活保护法》，金融危机后日本内阁对《生活保护法》进行了修订，以期促进制度的健康发展。由此可见，

发达国家的社会救助制度发展史，即是发达国家根据制度发展需要进行立法并不断完善法律过程的历史。

发达国家社会保障制度发展历史表明，立法先行是制度定型并稳定发展的客观保障。我国的现代社会保障制度已经建立半个多世纪了，但是由于社会保障立法的落后，使制度建设尚未进入真正意义上的法治化轨道之中，导致制度建设的随意化与制度体系的碎片化。完善的社会保障制度的建立离不开法律强有力的保障，因此推进我国社会保障制度的法制建设十分必要。在老年社会救助制度建设方面，应在加快《社会救助法》《老年护理法》等立法的同时，适时修订现有相关法律如《老年人权益保障法》和《慈善法》等，为老年社会救助事业的发展提供充足的法律依据和保障。

（三）立足国情，确立老年社会救助的目标、内容与水平

考察社会保障制度发展的历史，可以看出社会保障从非正式的制度安排到正式的制度安排，其追求的目标是随着各国经济社会的发展进步而不断发展变化的。早期的社会保障主要充当统治者控制社会并使统治秩序得以延续的工具角色，随着时代发展，社会保障逐渐融入了人道主义、和谐以及社会正义等理念。在老年社会救助方面，发达国家的制度目标定位于为贫困老年人提供体面的老年生活，加强对贫困老年人的社会保护，以促进社会平等。发展中国家因其发展水平较低等原因，老年社会救助制度目标定位于削减老年贫困，为贫困老年人提供基本生存的保障。我国属于发展中国家，与此同时老年人数量十分庞大，因此老年社会救助的制度目标和保障水平不能超越我国国情，盲目向发达国家靠拢。

相较于其他年龄段人群，老年人的特点决定其需求满足集中在"老有所养"上，并依次表现为三个层次的养老需求，即经济供养、日常生活照料与精神慰藉。因此，要满足贫困老年人基本的养老需求，老年社

救助应涉及物质援助、精神慰藉和养老服务三个方面。越来越多的国家建立、发展综合性的老年社会救助，如美国的 OAA 不但为贫困老年人提供现金津贴，还提供食品券、医疗救助和住房援助；英国的老年社会救助制度对贫困老年人实行现金救助与服务救助并重的政策，大力发展社区照顾；德国在其综合性、分层援助基础上，近年大力发展护理等服务救助。发展中国家如巴西、印度，由于其经济社会发展程度的落后，对贫困老年人的救助还主要停留于较低水平的经济援助，养老救助服务的供给明显不足。基于制度可持续发展的目的，我国老年社会救助内容应以"收入支持"为基础，并逐步发展养老救助服务尤其是护理救助，以使贫困老年人的日常生活照料与精神慰藉需求能得到基本满足。

（四）精准定位，提高老年社会救助的瞄准效果

发达国家和发展中国家的社会救助制度中各项目的实施一般都须经过家计调查。家计调查也称家庭经济状况调查，在社会救助中用来甄别"谁是真正需要的人"。家计调查方法在西方发达国家的社会救助制度中运用近一个世纪，因此发展得比较成熟，能够比较精准地定位"最需要或最贫困的人"。但在很多发展中国家如印度，家计调查的瞄准效果较低。例如，根据印度 2005 年人类发展报告，2004~2005 年印度最富裕收入组家庭老年人获得食物补助卡（AYY card）的比例（4.1%）竟然超过了最贫困收入组家庭老年人的比例（3.1%）。

自实行城乡最低生活保障制度以来，我国亦采用家计调查法来确定享受救助的城乡家庭范围，但仍存在家庭收入难以核实等问题。尤其在农村，家计调查法遭遇人口流动频繁、收入难以核定的困境。于是实践中，各地创造出各种变通的家计调查方法，如民主评议、张榜公示等。地方政府在"家庭收入核准"上的自由裁量，导致家计调查在实施过程中不可避免带有随意性和盲目性，政策效果大打折扣。因此在社会救助中，我国

应该积极借鉴国际经验以完善家计调查法：首先，应根据保障对象的需求，实行分类分层施保；其次，将家计调查法与目标人群定位法相结合，并委托专业社会工作者来进行家计调查；最后，设立独立的家计调查机构。通过这些改革措施，提高老年社会救助的瞄准效率。

（五）划定职责，建立科学的资金筹集和管理分担机制

在老年社会救助制度的资金支出和行政管理方面，国际惯例是由中央政府和地方政府共同负责。例如，美国老年救助各项目的支出费用由联邦政府与州政府共同承担，辅之以一定的社会捐款，其中联邦政府的财政转移支付占主导。稳定、充足的资金来源保证了社会救助的有效展开，贫困群体得到了及时的必要援助；但在印度，中央政府与地方政府在非缴费型养老金项目资金支出与行政管理方面职责的不恰当划分，造成印度中央与地方政府间的持续博弈，影响了制度实施效果。在我国社会救助实践中，中央与地方政府对社会救助财政责任的分担机制不明晰，各级政府各自应该承担多少比例，缺乏明确、有效的法律规范与约束，导致地区间救助水平不均衡以及救助不足或救助不及时等问题比较突出。救助是政府的责任，实现国民平等的社会救助权利应以中央政府为主导。因此，我国老年社会救助制度的改革，应在中央政府承担主导责任为原则的基础上，合理划分中央与地方政府间的老年社会救助责任，建立科学的资金筹集和管理分担机制。

（六）综合协作，健全救助管理体制与运行机制

随着老年社会救助制度的发展，各国的老年社会救助项目日益增多，诸多政府职能部门及社会组织介入并分头实施救助工作的监督管理。例如我国社会救助制度的实施，就涉及了民政、住建、卫生、教育、司法部门以及非营利的社会机构或社会组织等众多的部门或组织。实践中，我国这

些社会救助部门间的协作不够、各项救助政策没有很好衔接的问题比较突出，导致政策间、部门间、政府与社会间的分割与脱节，造成社会救助资源的浪费。因此，应在借鉴国际经验教训的基础上，健全我国社会救助工作的管理体制与运行机制，实现社会救助管理及其运行的现代化。

社会救助制度外部的协调与制度内部的协作同样重要。社会保险、社会救助与社会福利是政府为民众构筑的三重社会保护体系，实践中三者之间往往存在着此消彼长的关系，一方的发展会深刻影响其他方的形塑以及演变。美国、德国的实践表明，老年社会救助与社会养老保险间存在比较复杂的"动态双边互动"关系，两者间会出现"共振"现象。英国大力发展的"社区照顾"养老模式，是一种可以融社会保险、救助与福利为一体的养老模式，成为老龄化社会养老的主要趋势。印度、巴西非缴费型养老金的广泛发展，表明老年社会救助制度很大程度上可以弥补社会养老保险制度的不足。因此，健全老年社会救助制度，还应该多关注其与社会保险、社会福利以及社会工作之间的关系，构建相互间良性互动的机制。

老年贫困问题是各国尤其是发展中国家普遍存在的社会问题，导致老年贫困的原因很多，诸如个人发展能力不足、制度供给不足、老年社会歧视等。反老年贫困作为各国政府的共同使命，不仅需要非缴费型养老金等现金转移机制，还要注重养老服务的提供，高度重视社会融合，并在教育与人才培养等方面做出更多努力。在老年社会救助与反贫困领域，加强地区之间与国家之间的交流与合作，吸取国际经验教训，对于老年救助制度的完善亦十分重要。

第七章　农村老年社会救助机制优化路径的政策建议

人口年龄结构的老龄化及老年贫困问题，正在演变成 21 世纪全球最突出的社会现象，在中国尤为突出。我国"未富先老""未富快老"和"贫富分化"的现实，不但意味着大部分人并没有做好各方面的养老准备，更意味着规模庞大的贫困老年人的养老问题堪忧。改革开放以来，国家建设了一个包括特困救助（"五保"）、最低生活保障、医疗救助、住房救助、法律援助、临时救助、灾害救助、就业救助和社会力量参与"8+1"新型农村社会救助体系，为广大农村贫困老年人的基本生存提供了有效保障，促进了农村社会的稳定与经济发展。但是，与农村贫困老年人的现实需求及其未来发展趋势相比，农村老年社会救助供给存在比较明显的总量不足现象，也存在突出的供给结构不科学问题。解决当前农村老年社会救助供需不一致问题，既是实现老年社会救助公平性、可持续性与有效性（保障农村贫困老年人基本生存）的前提基础，还关系到农村家庭的代际和谐与农村社会的稳定发展。因此，我们应该在借鉴历史与国际经验教训的基础上，立足于我国特定的经济社会发展条件和制度环境，通过坚持积极老龄化理念、优化多元协同机制、健全社会救助法制建设以及调整救助结构等制度内外的改革措施，优化农村老年社会救助机制，实现农村贫困老年人"老有所养"之目标。

一、积极推进基本公共服务发展，为社会救助制度卸负

2018 年 10 月，中共中央办公厅、国务院办公厅印发《关于建立健全基本公共服务标准体系的指导意见》（以下简称《意见》），该《意见》规定了"幼有所育""学有所教""劳有所得""病有所医""老有所养""住有所居""弱有所扶""优军服务保障"以及"文体服务保障"等九个方面的具体保障范围和质量要求，并提出到 2035 年基本实现基本公共服务的均等化与现代化目标。该《意见》的颁布是基于当前我国基本公共服务发展不足、递送不均的现实情况，由于这种情况的客观存在及其后果影响，作为"兜底"制度的社会救助不得不承担起超越其能力的诸多保障责任而不堪重负。例如，建设基本养老保险制度的目的，是为退出劳动领域后的老年人提供一份基本收入保障，防止他们陷入贫困。当前，我国的基本养老保险制度是分人群设置的，现分为"城职保"和"居民保"两类。2014 年和 2016 年"城职保"养老金替代率分别为 44.13% 和 45.7%，能基本保障城镇退休职工不陷入贫困；但"居民保"这两年养老金替代率分别只有 5.45% 和 5.91%，这样的基本养老金水平显然远远不足以保障城乡老年居民的基本生活。[①] 由此可见，"居民保"没有发挥其应有的防止老年贫困的功能，从而导致老年社会救助对象的大量增加。

另外，基本社会养老服务尤其老年社会照护服务发展的滞后，也是引发大规模老年贫困和老年社会救助对象增加的重要原因。据统计，目前我国失能、半失能老年人占比 11.1%，总量已经超过 4000 万，其中以农村

---

① 曹清华：《中国基本养老保险财政责任的分析与评估》，中国社会科学出版社 2019 年版，第 105—106 页。

老年人的数量居多。[①] 随着老龄化高龄化的不断发展，预计失能、半失能老年人数量以及占总老年人口比例将持续上升。由于社会化照护服务的发展不足与递送不均衡，不仅大量的老年人因而陷入经济贫困与精神贫困，甚至一些中高等收入家庭都极有可能因为家里有老人失能因而面临高额护理服务支出并由此陷入贫困的风险，还有众多农村家庭的留守老人、空巢老人缺乏最基本的生活照料、医疗护理和精神慰藉，等等。为了应对这些养老问题，社会救助不仅要为大规模的贫困老年人提供"低保"（或特困救助）金，还要为他们代缴基本医保的个人缴费，提供必要的医疗救助、住房救助、司法援助以及就业援助等，有时还要使用临时救助、启动救急难机制来帮助他们。可以看出，社会救助承载了很多本该由其他基本公共服务承担的职能，导致社会救助的兜底责任太过沉重。

加快建设基本社会保险制度有利于减轻家庭负担，降低老年（家庭）的贫困发生率。例如，作为国家级扶贫开发重点县的河北省巨鹿县，近年一直积极探索医养结合改革，并率先推出长期护理保险制度，为众多农村失能老人的有尊严养老提供了保障，也避免了很多农村家庭陷入贫困。家住巨鹿县巨鹿镇的 W 姓老人，80 多岁时患上脑梗塞而长期卧病不起，家人轮流照顾仍身心俱疲，而且其儿子因为无法出门挣钱而成了"贫困户"。即使如此因为家人缺乏护理知识，该老人身体状况还是一天不如一天。在巨鹿县推出长期护理保险制度后，该 W 姓老人不但获得了比较专业的护理服务、身体状况有所改善，而且其儿子也能出门工作挣钱了，加上老人的护理费能报销一部分，家庭经济状况有了明显改观。

推进基本公共服务建设、降低贫困发生率，国际社会亦有丰富的经验教训。20 世纪 70 年代以来，以英国、德国等为代表的发达国家已经基本

---

① 全国老龄工作委员会办公室编：《第四次中国城乡老年人生活状况抽样调查总数据集》，华龄出版社 2018 年版，第 171–174 页。

实现了基本公共服务的均等化与现代化，并且发展了完善的以老年社会保险和健全的社会养老服务为核心的老年社会保护体系，有效地降低了老年人的贫困发生率。因此，其社会救助可以被定位为"补缺"角色，社会救助制度能够比较轻松地、功德圆满地发挥其社会保护的"兜底"功能。从 20 世纪 50 年代开始，美国建设多支柱养老保险体系，既确保了基础保障，又满足了较高层次的养老保障需求，有利于分散老年风险，其中联邦基本养老金使得美国四成 65 岁以上老年人免于陷入贫困。因待遇水平适度，财政负担亦不会太重。① 与此相对应的是以印度为代表的发展中国家，由于基本公共服务发展的滞后、城乡社会的二元分割以及缺乏健全的基本社会保险体系，导致老年贫困发生率居高不下，老年社会救助的责任非常沉重，因为各种原因老年社会救助的效率亦差强人意。② 因此应借鉴发达国家基本公共服务标准化、法制化、均等化的经验，积极推动我国基本公共服务发展，建立健全老年社会保护体系，使社会老年弱势群体可以真正依赖基本医疗、基本养老保障制度以及免费教育等基本公共服务，让基本公共服务来满足民众重要的社会需求，从而减少对社会救助的依赖，让社会救助制度轻装前行。

二、大力发展农村社会组织③，助力农村老年社会救助事业

社会救助属于公共产品，因此政府是社会救助的首要责任主体。政府

---

① 赵巍巍：《从美国养老保险体系中可借鉴什么》，《中国劳动保障报》，2016-10-21。

② Puja Vasudeva Dutta（2008），*The Performance of Social Pensions in India：The Case of Rajasthan*，Social protection discussion paper，no. 0834. Washington，DC：World Bank Group. http：//documents. worldbank. org/curated/en/470971468159329672.

③ 这里所指的社会组织，即相对于政府、政党等传统组织形态之外的各类民间性社会组织，包括社会团体、民办非企业单位、基金会，还可以是社区成员选举产生的委员会。

社会救助机制以追求社会效益为价值取向，基于国家财政支持、实施各项救助职责以解决贫困人员的基本生存需求。但是，政府的公共资源及其治理能力有限，单一的政府救助往往会出现救助水平低、救助形式单一、救助活动被动不及时、难以满足差异化多元化需求等问题，因此政府不能亦无法全权包揽所有的社会救助责任尤其是养老服务的供给，应适度向社会组织分权并转让一部分社会救助职能。作为与政府公共组织协作治理的主体之一，社会救助社会机制的优势正好可以弥补政府机制的某些不足。社会机制助力农村老年社会救助的优势主要表现为：

（1）救助对象的精确化瞄准。我国老年社会救助执行的是"弱势特殊关照"与"家庭责任第一'原则①，将社会资源用于保障真正困难的个人和家庭。因此，受益者界定机制包括其中的家庭经济核查成为影响社会救助制度效率的关键环节。由于农村老年居民的农业收入以实物为主、难以货币化，另外申请者家庭成员的非正规就业收入、外出打工收入以及子女赡养费等收入缺乏可操作性的核对方法，给社会救助工作人员审查工作带来很大困难。在西方国家以及我国香港和台湾地区，大都是由专业化的社会工作者承担对申请者的家庭经济状况的调查工作。② 因为社会组织可从第三方立场、使用专业化方式对申请者进行资格审查，提高救助对象的瞄准度。有研究者通过对印度尼西亚 640 个村庄进行的社会救助瞄准法随机性试验发现，社会组织的社会瞄准法相比其他的瞄准法精准度更高、"错保率"更低。③

（2）公众需求的专业化识别。贫困个体或家庭陷入贫困，往往是诸

---

① "弱势特殊关照"，指的是国家社会对弱势群体实施特殊关照；"家庭责任第一"，指的是强调家庭对于家庭成员的首要扶助责任，民众遇到问题尽量在家庭内解决，解决不了才求助于政府和社会。

② 赖志杰：《"瞄偏"与"纠偏"：社会救助对象的确定——以最低生活保障为例》，《理论探索》，2013 年第 2 期。

③ Vivi Alatas, Abhijit Banerjee, Rema Hanna, et al., *Targeting the Poor：Evidence from a Field Experiment in Indonesia*, The American Economic Review, 2012, 102（4）.

多因素共同作用的结果，例如生理心理疾病、子女教育支出、自然灾害以及婚姻关系不睦等，因此要解除其贫困，对其进行单纯的物质救助是不够的，必须从其致贫因素的复杂性及救助需求的多元化、差异化角度，提供多元化、有针对性的救助。社会组织能够利用其"非民而近民"的天然优势，深入有效地了解民众对社会救助的多元化、个性化需求，并对他们的需求进行专业化评估，且能够针对不同群体的特殊需求提供有针对性的、多元化的救助服务。Coady 等通过对 48 个国家社会救助实践的研究发现，拥有一定自由裁量权的社会组织的社会瞄准机制能够提供更加适宜的需求标准。[①] 另外，社会工作"助人自助"的理念还可以积极影响救助对象，激发其脱贫的主观能动性，并促其自我发展能力的恢复与增长。

（3）救助对象退出的人性化疏通。由于没有"济贫法"传统，我国民众缺乏西方社会的福利耻辱感，很多人把"救助"作为一种不占白不占的便宜，社会救助领域存在比较突出的道德风险问题。根据民政部门调查数据及相关研究显示，"低保"退出机制面临的主要困境是主动退保的很少、被动清退的占绝大多数，而且被动清退退保的信访矛盾比较突出。面对此种情况，社会组织可以充分凭借其对弱势群体开展社会工作的广泛经历与丰富经验，去宣传、评估、设计、管理和协调救助对象退出的政策、途径及方式等，发挥其专业化、人性化的疏通功能，提高救助对象退出机制的效率并减少救助工作中的社会矛盾。

（4）救助政策的创议性变革。随着社会经济的不断发展变迁，贫困者的致贫原因和救助需求很可能发生变化，社会救助政策也应该随之而发生变化。社会组织可以通过入户访谈、问卷调查、社区活动等方式，了解救助政策对救助对象的真实影响，充分了解民众现实的、潜在的救助需求，并对需求进行专业化评估，在此基础上真实客观地反映弱势群体权利

---

① David Coady, Margaret E. Grosh, John Hoddinott, *Targeting of Transfers in Developing Countries*: *Review of Lessons and Experience*, World Bank Publications, 2004 (1).

诉求，倡导社会救助政策的改善，促进社会救助制度的现代化发展。

近十几年来，我国各类社会组织数量不断增加，2014～2018 年连续五年社会组织数量增幅平均达到近 10%，而且直接从事扶贫与发展的社会组织数量与资源亦在逐年增长，[①] 并推动了农村扶贫方式的创新以及扶贫效率的提高。但总体而言，社会组织参与扶贫救助的力量仍然比较有限，尤其在农村老年社会救助领域的投入不足，且其参与的方式基本以提供资金和物品为主，精神支持、护理照料、社工服务等精神和软服务方面的帮助以及资产建设项目支持还在缺乏，鲜见参与农村老年社会救助的资格审查以及服务递送。由此可见，社会组织还没有发挥出它们在农村老年社会救助领域应有的社会性、补充性和灵活性等优势。

很多发展中国家具有比较成功的社会组织参与社会救助的实践。1994年，乌兹别克斯坦计划由当地传统的基层自治组织马哈拉[②]来实施社会救助的瞄准，并由马哈拉直接设定生活水平衡量指标。有研究者通过档案研究及实际调研发现，马哈拉计划的援助资源更多的是提供给了生存状况不佳的家庭，而且家庭提出申请救助的概率随家庭收入的增长而迅速下降。[③] 20 世纪 90 年代，阿尔巴尼亚政府实施安全网计划，目的是帮助没有收入的城市家庭或土地很少的农村家庭摆脱贫困，该计划由选举产生的社区委员会来决定哪个家庭可以获得救助及其实际获得的补助金水平。有关评估研究表明，阿尔巴尼亚最贫穷的 20% 人口获得了 50% 的救助金，瞄准效率很高。[④]

作为一种代理机制，社会组织负责救助资格审查以及服务递送，还具

---

① 根据《民政统计年鉴》数据计算而得。

② 马哈拉在乌兹别克斯坦拥有悠久历史，最初是由专门为居民解决纷争矛盾、通过多种形式帮助社区贫困家庭的社区长者组成的自治组织，长期以来在城乡社区发挥着重要的作用。

③ John Micklewright, Aline Coudouel, Sheila Marnie, *Targeting and Self-Targeting in a New Social Assistance Scheme*, IZA Discussion Paper Series, 2004, No. 1112.

④ Harold Alderman, *Multi-Tier Targeting of Social Assistance: The Role of Intergovernmental Transfers*, The World Bank Economic Review, 2001, 15 (1).

有行政成本低、有效调动救助对象主体性、培育救助对象社会资本、提升社区治理能力与福利水平的外部性等积极作用。[①] 2017 年民政部等四部委联合印发《关于积极推行政府购买服务，加强基层社会救助服务能力的意见》，提出积极向社会力量购买服务，购买内容包括事务性工作（如救助对象界定）和服务性工作（如对救助对象的照料护理等），承接政府购买社会救助服务的主体主要是社会组织（另外还包括事业单位法人、企业、机构等社会力量），这为社会组织发展提供了良好契机。不过，要大力发展农村社会组织并促进其广泛参与农村老年社会救助，必须建立一整套相应的高效运作机制，包括农村社会组织培育机制、扶贫信息共享机制、政府购买救助服务机制与公益创投机制以及完善的社会组织参与扶贫的法律机制等，如此社会组织方能有效发挥其社会机制优势。总之，我国的农村老年贫困治理任重道远，政府的助老扶贫离不开社会组织的广泛参与及大力支持，而社会组织与公益事业的发展同样需要借助政府大规模老年扶贫的契机，唯此农村老年救助的社会机制与政府机制才能相得益彰、共同发挥作用。

三、优化多元主体协同机制，整合农村老年社会救助资源

由于政府机制缺陷、市场机制失灵以及社会机制失效问题的客观存在，解决贫困问题需要社会多方力量互相取长补短、协同合作。在社会救助领域，多元主体协同治理机制已经建立，但整体效果并不明显。在政府内部的协同方面，由于中央与地方政府之间以及各级政府内部的权属交叉、权责不清，政府职能"越位"和"缺位"问题并存，导致政府救助

---

① 章晓懿：《社区能力视角下的社会救助瞄准机制研究：转型国家的经验》，《社会保障评论》，2017 年第 2 期。

的效率不高、效益不足。在政府部门与社会组织的协同方面，关于两者的权能协同，政府部门过于强势，社会组织就像封建家庭的小媳妇，两者的平等伙伴关系并没有真正形成；关于社会救助核心资源的协同，社会组织凝聚社会资源、补充政府贫困救助资金的功能发挥不足，也没有承接好政府部分公共服务职能。在政府与市场企业的协同方面，虽然越来越多的企业通过设立慈善组织、基金会、直接捐赠资金物资等方式参与到社会救助活动之中，但与西方发达国家企业的慈善行为相比，我国企业的差距还是很大。主要原因就在于，政府和企业在资源、信息等方面的协同不足，导致企业开展慈善活动动力不足、信息不畅；在政府与公民的协同方面，由于救助对象与救助主体之间存在的"信息、资源不对称、不协同"，尤其某些受助者刻意隐瞒某些信息，导致"错保""难以退保"等现象时有发生。

以上问题在农村老年社会救助领域更加突出。伴随着农村社会养老新问题、新矛盾的出现，单一的政府老年救助治理模式已经不能适应新形势的需要。但是，相较于城市，农村基层社会救助治理能力薄弱，尚未形成比较健全的农村多元主体协同救助的机制体系，农民、社会组织、商业企业等参与救助治理的作用有限，很多农民没有养成参与基层社会治理的习惯，农村贫困救助对政府机制的依赖性较大。推进农村老年社会救助多元主体协同治理长效机制、整合各方主体老年社会救助能力与资源，将有助于实现"整体功能大于局部之和"的治理功效，有效解决众多农村贫困老年人的基本养老需求问题。近些年，一些农村地区开展了多元主体协同治理的探索实践，并形成了典型模式，取得了良好效果。例如，2015年以来重庆市永川区基于当地农村各类矛盾纠纷复杂突出之形势，启动"新乡贤"文化建设，推选出千余名"新乡贤"和百余名"乡贤评理员"，发挥他们的模范带头作用和积极调解矛盾纠纷功能。并以乡贤评理堂建设作为构建"自治、法治、德治"农村基层善治体系的重要一环。

在此影响下，当地"孝老爱亲"之风尚日渐浓厚，老年人的经济贫困、精神慰藉不足、护理照料服务缺乏等问题有了比较明显的改观。该模式的主要特点是，从乡土社会中挖掘和培养能够引领农村基层自治的草根群体，并依靠他们实现农村基层的善治。由此，该模式获得 2018 年全国创新社会治理最佳案例。①

然而，由于城镇化的推进以及农村精英的大量外流，我国多数地区农村基层社会治理能力整体仍很薄弱，农村基层社会亟须发展多元主体协同治理机制。另外，农村老年贫困的治理是一个复杂的系统工程，涉及的部门之多、参与主体之广、救助资源之盛、协同工作之繁是其他项目所难以比拟的，优化多元救助主体协同机制是当务之急。根据农村社会多元救助主体协同治理面临的现实问题，协同机制的优化可从多元主体的塑造、多元主体间协作与竞争及监督制衡机制等几方面入手：

（1）加强多元救助主体的塑造。第一，加强农村基层党组织建设，使其发挥在农村老年贫困问题治理中的引领作用。借助当前国家实施乡村振兴战略契机，壮大农村基层党组织，提升其贫困问题治理能力。第二，大力培育农村社会组织，鼓励更多的社会组织参与到农村老年社会救助领域，如老年协会、专业合作社、公益组织等。农村社会组织的建设要注意两个问题：一是应保持农村社会组织的独立性，使其能够自主性地开展工作，这要通过建设完善相关法律法规来规范政府部门对社会组织的监管行为；二是不断提升农村社会组织的专业化水平，这也需要借助国家大力推行乡村振兴战略契机，通过多渠道和多平台为农村培养和输送更多具有专业水平的人才。② 第三，鼓励商业企业通过行善赚钱成为农村助老扶贫的重要主体。农村老年贫困者往往是没有得到服务或得到服务不足的底层消

---

① 《重庆市永川区："乡贤评理堂"构建乡村善治新格局》，http://unn.people.com.cn/n1/2018/1203/c14717-30439757.html，2018-12-03。

② 林茜：《农村社会呼唤多元主体协同治理》，《人民论坛》，2019 年第 5 期。

费群体，商业企业若能挖掘这个市场，那么赚钱的方式也可用来行善。①第四，推动农村居民有效参与老年社会救助。通过塑造和发现社区救助参与典型、公益宣传、文化展示等多种方式，培养和提升民众的社会责任感、参与意识以及参与能力。例如江苏省南通市崇川区构建的"邻里自理"模式，有效地扩大了公众的社会参与，包括对老年贫困者的帮扶活动。②

（2）优化多元救助主体间的协作与竞争机制。多元救助主体的协作，主要表现在救助的需求表达、资金筹集、产品供给等环节的合作协商。优化多元救助主体的合作协商机制，即是要转变政府单一救助的模式和原有的组织结构。在这些协作环节中，政府扮演主导者角色，但其合作手段是"服务"而不是"管理"，村里、社会组织、商业企业都有其法定的发言权。例如，农村老年多元救助主体的"需求表达"协作，可以通过"农民—社会组织—政府""农民—商业企业—政府""农民—乡村精英—政府"等几个途径实现。"筹资"协作，即是在解决政府主体内部筹资合作问题之后，革新政府与社会组织、公民等主体的筹资协作关系。"供给"协作，是指基于救助产品的分类，由不同的主体共同参与供给的过程。按照社会救助的公共产品属性，很多救助事务（如申请者的家计调查）可由政府委托除政府外的其他治理主体协作供给。多元救助主体的竞争，即同时体现在救助产品的协作供给过程，多元救助主体在协作中竞争，保证各种社会救助资源能够在社会上得到自由流动、优化配置，提升救助产品的质量并降低供给成本。

（3）优化多元救助主体间的监督制衡机制。在农村老年社会救助领

---

① ［美］C.K. 普拉哈拉德著，傅婧瑛译：《金字塔底层的财富：为穷人服务的创新型商业模式》，人民邮电出版社 2015 年版。

② 人民论坛专题调研组：《邻里自理：社会治理创新的崇川实践》，http：//theory. people. com. cn/n/2015/0529/c40531-27078189. html，2015-05-29。

域中，毫无疑问政府、社会组织、商业企业和公民有着共同的价值目标和追求，但是各主体各有其利益诉求，其追求自身利益最大化的基本动机亦是客观存在的。因此，无论是在政府内部，还是在政府与其他主体之间，要想系统发挥其合力而去除合作与竞争可能带来的弊病，必须设计制衡机制，使其在供给、评估、问责环节发挥监督作用。例如，在"供给"环节，主要通过制定农村老年社会救助服务标准以及应用此标准来考核社会救助产品供给的制度，来对各方供给行为进行制衡监督。关于"评估、问责"，需要建立政府、社会组织、商业企业、农民多元主体广泛参与的评估问责体系。当前，农村基层社会治理问题（包括老年社会救助）所获得的监督力度依然比较薄弱，监督评估结果也不甚透明，影响了各治理主体之间的信任感与协作程度。应坚持公开透明的评估问责原则，制定规则保护各方评估问责权，建立多元主体之间相互制衡的评估问责机制，如此才能形成对各治理主体的有效监管，从而改善农村社会治理（老年社会救助）效率。①

四、基于"底线公平"理念，发展非缴费型养老金计划

2005 年，世界银行在其出版的《防治老龄化危机——养老金制度改革的国际比较》一书中，将原来主张的"三支柱"养老金体系扩展为"五支柱"，即在公共养老金计划（第一支柱，亦称基本养老保险）、职业养老保险计划（第二支柱）和个人储蓄养老保险计划（第三支柱）的基础上增添了非缴费型养老金计划（零支柱）与家庭成员或代际之间的非正规保障（第四支柱）。"五支柱"养老金体系的主张，反映世界银行养

---

① 范逢春、李晓梅：《农村公共服务多元主体动态协同治理模型研究》，《管理世界》，2014年第 9 期。

老金改革观点的一个重要变化，即进一步关注基本收入保障对相对弱势的老年群体的作用。[①] 非缴费型"零支柱"养老金计划又称国民年金计划，基于"底线公平"[②] 理念而建立，不但能够避免部分人因缴费能力弱而缺乏基本老年收入保障，而且与社会养老保险制度相比该制度运行成本要低很多，非常适用于经济欠发达国家。事实正是如此，世界上建立非缴费型养老金计划的国家主要集中于非洲、南亚、南美等经济欠发达地区。这些经济不发达国家之所以积极实施这种非缴费型养老金计划，即是因为这种非缴费型、普遍受惠的养老金计划不但成本较低，而且能够迅速扩大覆盖范围、惠及全体国民。[③]

2009 年国务院颁布《关于新型农村社会养老保险试点的指导意见》，提出于 2020 年之前基本实现新型农村社会养老保险制度（"新农保"）对农村适龄居民的全覆盖。2014 年"新农保"与"城居保"被合并为统一的城乡居民基本养老保险制度，"个人缴费+集体补助+财政补贴"的筹资模式不变，其中财政补贴采取"补入口+补出口"模式。"补入口"，即政府财政为缴费困难群体代缴部分或全部最低标准的基本养老保险缴费，"补出口"体现在政府对符合养老金领取条件的参保人员全额支付基础养老金。然而，由于我国大多数农民收入较低且没有固定的收入来源，制度实施过程中农民参保者普遍选择低档缴费，加之政府和集体缴费主体的缺位，社会养老保险并没有成为解决农民养老金问题及农村老年贫困的良好机制。

表 7-1 列示了"居民保"基金历年收支状况。

---

① 本观点来自于郑秉文等翻译的美国学者罗伯特·霍尔茨曼、理查德·欣茨所著《21 世纪的老年收入保障：养老金制度改革国际比较》一书的内容简介。

② 即社会差异之外共同认可的底线，"底线公平"体现的是弱势群体和底层民众的基本需求。

③ 景天魁、杨建海：《底线公平和非缴费型养老金：多层次养老保障体系的思考》，《学习与探索》，2016 年第 3 期。

表 7-1 "居民保"基金历年收支状况

年份	个人缴费（亿元）	基金总支出（亿元）	基金当年结余（亿元）	财政补贴基金（亿元）	财政补贴前的养老金替代率（%）	财政补贴后的养老金替代率（%）
2011	421	598.3	-177.3	676.3	7.1	9.79
2013	636	1348.3	-712.3	1340.0	1.5	5.35
2014	666	1571.2	-905.2	1544.8	1.5	5.45
2015	700	2116.7	-1416.7	2039.7	2.5	6.51
2016	732	2150.0	-1418.0	2132.1	2.2	5.91
2017	810	2372.0	-1562.0	2494.0	2.0	5.85

说明：1. 以上数据根据历年《人力资源与社会保障事业发展统计公报》《中国统计年鉴》统计而得。

2. "居民保"养老金替代率＝养老金÷居民人均可支配收入×100%。2013～2017年数据为按城乡一体化口径计算的"居民保"数据，2011年的为"新农保"数据。

从表 7-1 可以看出，城乡基本养老保险基金收支缺口在不断扩大，历年政府财政都给以大量补贴，且补贴金额往往是缴费的数倍。即便如此，"居民保"的养老金替代率也很低，只有 6% 左右。由此可见，在应对农村老年贫困方面，我国广大农民群体之间很难实现养老的"风险共担与风险共济"，用共担风险的社会养老保险机制来解决如此复杂的系统工程问题可能远远不够，巴西、印度等发展中国家实施的非缴费型养老金计划可能更有助于我国农村老年贫困问题的缓解。实际上，我国"居民保"中的基础养老金部分即是一种非缴费型养老金计划，任何年满 60 周岁的非职工的城乡居民均可享有。本研究建议，把基础养老金从"居民保"中划出来，独立成为一个非缴费型养老金计划，并适当提高该计划的养老金水平。本建议的理由如下：一是有助于厘清不同养老金的属性。现行"居民保"中的个人缴费部分形成的个人账户养老金是一种基金积累式的社会保险金，而财政全额支付的基础养老金实际上是普惠性的非保险型基金，两者独立开来有助于人们厘清不同养老金的属性，也呼应了世界银行关于养老金类别的划分；二是适当提高非缴费型养老金水平，有助于大面积降低农村老年贫困发生率。有研究指出，实施非缴费型养老金制度的国家大大提高了农民的养老保障覆盖面，同时成本较低，非缴费型养老金支出占 GDP 的比重一般不超过 1%（南非是个例外，达 1.4%）。[1] 而且，普惠型养老金制度实施以后，很多国家的老年赤贫率有了大幅度下降，如阿根廷、巴西、智利和哥斯达黎加分别下降了 67.1%、69.5%、21.4% 和 69%。[2]

一般而言，世界各国经济社会发展都要经历由城乡二元分割到最终一体化的过程，发达国家于 20 世纪中后期就已经基本实现了城乡融合和基本公共服务的均等化与现代化，通过建设完善的社会养老保险制度和健全的社会养老服务体系来预防大规模农村老年贫困已经成为发达国家普遍而成熟的做法。我国正在积极推进基本公共服务的均等化和现代化，不过基于我国为发展中国家以及城乡二元分割依然存在的现实情况，因此相比发达国家的做法，当前中国则需要创新，通过发展非缴费型养老金计划（以及护理救助服务，下文将论述）来缓解农村老年贫困问题可能是一个更好的选择。

五、坚持积极老龄化理念，推进农村助老扶贫开发

从现实角度考虑，任何保障制度及方式既要考虑被保障者的需求，也要考虑经济社会发展阶段、国家财政支撑能力及制度的经济社会后果。实

---

① 杨立雄：《建立非缴费型养老津贴：农村养老保障的一个选择性方案》，《中国软科学》，2006 年第 2 期。
② 陈志国：《发展中国家农村养老保障架构与中国农村养老保障模式的选择》，《改革》，2005 年第 1 期。

践中我国的农村助老扶贫有两种方式：第一种是保障性助老扶贫，前面所论述的特困人员（"五保"）供养、最低生活保障、各专项救助及临时救助等都包括在内，即"兜底"保障；第二种为开发性助老扶贫，目标对象是有一定劳动能力的农村贫困老年人。在国家社会的必要支持下，农村贫困老年人可以进行开发性生产建设，从而达到主要依靠自身力量脱贫的目的。在我国农村老年社会救助领域，基于贫困老年人的生理特点及国家人口老龄化的发展趋势，保障性扶贫构成主要的农村助老扶贫方式，开发式扶贫应为重要的补充方式。

开发性助老扶贫源于积极老龄化理念。在 2002 年联合国第二届世界老龄大会结束之后，世界卫生组织发布了一份报告《积极老龄化：政策框架》，从此积极老龄化理论日渐成为世界各国应对 21 世纪人口老龄化问题的理论、政策和发展战略。该理论强调，老年人是被忽视的宝贵社会资源，他们健康地参与社会，是社会财富的创造者和社会发展的积极贡献者。[1] 为应付汹涌而至的人口老龄化，各国尤其发达国家基于老年健康与社会权力理论，通过构建相应的老年人健康扶持政策、积极就业政策、教育培训政策和生活政策来促进老年人的社会参与，其中以日本最为突出。面对日益严峻的少子老龄化趋势，日本积极推进老年人再雇佣政策，2018 年 65 岁以上老年人就业人数达到 862 万，占总就业人数的 13.8%，老年人就业总人数连续 14 年递增。老年人再雇佣政策的推进，不仅缓解了日本劳动力供给不足问题，还在一定程度上减轻了社会保障的负担压力。[2] 人口老龄化的持续加剧会导致劳动力供给短缺和社会保障财务恶化等问题，从 2012 年开始我国的劳动年龄（16～59 岁）人口数量呈现逐步减少之趋势，日本的老年人积极再就业政策对老龄化急剧恶化的中国有重要的

---

① 宋全成、崔瑞宁：《从健康老龄化到积极老龄化：人口高速老龄化的应对》，《山东社会科学》，2013 年第 4 期。

② 张珍：《日本老年人就业现状分析》，《智富时代》，2019 年第 3 期。

启发意义。

　　老年人再就业是践行"积极老龄化"理念的一个主要途径，农村助老扶贫开发则是帮助农村贫园老年人再就业的重要途径。当前我国的农村助老扶贫开发还处于局部地区探索阶段。基于对汹涌而来的"银发浪潮"的忧虑，有部分学者提出了农村贫困老年人再就业的问题。例如有研究指出，目前政府部门实行的政策仍侧重于解决老年人的养老和医疗问题，而未能重视"老有所为"。老年人退休后再次进入到工作岗位中，其带来的影响不仅仅是缓解了劳动力资源不足的压力，而且能够增加储蓄，促进经济增长。① 还有一些学者提出，再就业是老年人的权利，但当前我国对老年人就业权尚无明确法律规定，就业政策、就业氛围、就业岗位等也有待完善。②③ 林瑜胜等（2017）认为，应该建立综合性农村贫困老年人扶贫支持体系、出台扶贫工作联动措施，确保自身能力各异的贫困老年人能找到与能力匹配的就业岗位和增收渠道。④

　　2016 年国务院印发《"十三五"脱贫攻坚规划》，其中的"指导思想"规定，坚持精准扶贫、精准脱贫基本方略，不断增强贫困地区和贫困人口自我发展能力。然而实践中，增强农村低龄健康贫困老年人的自我发展能力问题，还没有得到政府和社会的足够重视。若干年前国内有一些地区如山东省枣庄市、吉林省延边地区以及山西省晋城市等已经开展了农村助老扶贫开发的试点工作，初步建立了助老扶贫开发机制。2004 年《中国老年报》曾经报道，山东省滕州市坚持"庭、田相结合"的原则，走多方面协同发展的路子，因地制宜依据老年人的特点进行致富项目的开

---

　　① 陈园：《江西省老年人再就业意愿的影响因素分析及对策研究》，江西财经大学优秀硕士论文，2017。
　　② 吕思慧：《老龄化背景下老年人再就业之权利研究》，《法制与社会》，2019 年第 8 期。
　　③ 孙鹃娟：《老年人再就业与二次人口红利》，《人民论坛》，2019 年第 2 期。
　　④ 林瑜胜、李爱：《建立农村贫困老年人扶贫支持体系》，《中国社会科学报》，2017-11-22。

展，并量体裁衣般为贫困老年人制定了一整套税费减免的优惠政策。[①] 农村扶贫攻坚战略推行之后，部分农村地区亦开展了对老年人的精准扶贫方式的探索，但总体而言对低龄健康老年劳动力的利用问题还是不够重视。在很多西方国家，老年人再就业创业是非常普遍的现象，老年人再就业创业已成为许多国家提高老年人幸福感、成就感和缓解养老压力的重要途径。基于我国人口不断老龄化的发展趋势以及助老扶贫开发的优势，坚持积极老龄化理念，宣传推广农村地区已有的产业助老扶贫方面的探索经验，着力促进助老扶贫开发成为农村老年社会救助的重要补充方式。

六、重视历史传统与国际经验，发展老年护理救助

在经济供养、生活照料和精神慰藉三方面的养老需求中，精神慰藉更多的是通过渗透于经济供养和生活照料之中而得到满足。随着我国经济的持续增长和多层次养老金体系的建立健全，老年人的养老需求正由经济供养为主向生活照料为主转变。[②] 如何满足老年人尤其是规模达数千万的失能老年人的生活照料需求，于当前的中国是一个非常严峻且需要迫切回答的问题。2014 年，财政部等部委联合发文提出，基本建立比较完善的政府购买养老服务制度，优先保障经济困难的孤寡、失能、高龄等老年人的服务需求，加大对农村养老服务的支持。可以看出，农村老年人尤其农村失能老年人的生活照料和精神慰藉服务需求已经得到了政府和社会的高度重视。事实上，据本研究调研发现，农村有失能老人的家庭多数是低收入贫困家庭，失能老人的生活照料和精神慰藉需求保障基本来自家庭，但因

---

① 刘书巨、赵曰祥：《滕州助老扶贫成效斐然》，《中国老年报》，2004-11-16。
② 崔恒展、李宗华：《老龄化背景下的养老内容研究》，《山东社会科学》，2012 年第 4 期。

子女的照料时间难以保证而导致其需求没有得到完全满足或者基本满足的比例还比较高。随着人口老龄化高龄化趋势的不断发展，如何满足日益增加的这类服务需求，需要我们重视历史传统和借鉴国际经验来发展服务性社会救助。

在以孝治天下的前近代社会，不但老年人（包括贫困老年人）的经济供养得到了尽力保障，其生活照料、精神慰藉等方面的需求亦很受重视。先秦时期，当时的统治者一方面对贫困老年人实施物质救助，另一方面也注重给予他们精神层面需求的满足。例如，《礼记·月令》曰："仲秋之月……是月也，养衰老，授几杖，行糜粥饮食。"先秦时期政府对鳏寡贫困老年人定期发放生活必需品，还对达到一定年龄的老年人授予鸠杖使其获得社会尊敬和优待。至封建时期，官府、民间和宗教组织纷纷设置养老机构如"孤独园""普济堂"等收恤老弱贫民，为他们提供医疗、生活照料等方面的服务。另外，唐代设立的"给侍"制度很有特色。制度规定，给予年满八十及以上的高龄老人，以及虽不满八十但罹患重病的老人配备侍丁，侍丁的主要责任是照料老年人的生活，侍丁给予富户，但更多的是给予贫户。为保证"给侍"制度的贯彻实施，除了大力推行孝文化，唐代政府还制定了一系列政策法规予以确保。①

老年人的现实致贫因素复杂多元，其中因身体失能及残障引起的护理需求是一个重要因素，很多国家通过提供护理救助以达到反老年贫困的目的。1946 年起英国通过《国家救助法案》为资源贫乏者提供照料服务，通过居家照护或机构照料服务减轻或补偿老年残疾、认知缺陷及孤独感等，提升老年生活质量。英国的长期照护制度，以需求审核和家计调查为特点，资金主要来源于政府税收。在人口老龄化趋势与财政开支吃紧的情况下，英国以整合战略为重点开始实施一系列提升绩效和优化服务

---

① 崔恒展：《基于唐朝给侍制度的家庭养老支持政策思考》，《山东社会科学》，2016 年第 8 期。

的改革。[①] 1946 年起，日本通过《生活保护法》为贫困者提供护理救助服务。德国于 1961 年颁布《联邦社会救助法案》，由社会救助体系为贫困老年人提供长期照护服务。虽然日、德两国后来均建立了长期护理保险制度，但护理救助依旧在其之外发挥着重要的反贫和"托底"功能。

　　从历史传统和国外救助经验来看，照护服务应该与现金救助一样具有重要地位，因此构建护理救助体系是今后农村老年社会救助机制优化的路径之一。2019 年 11 月中共中央、国务院印发的《国家积极应对人口老龄化中长期规划》指出，要健全以居家为基础、社区为依托、机构充分发展、医养有机结合的多层次养老服务体系。基于此，从我国的国情出发，农村老年护理救助服务应由政府主导、结合社会力量，通过社区居家为主、机构为辅的方式为农村贫困老年人提供照护服务。此外，对于迫切需要照料的农村老年贫困群体，护理救助是一个再分配型的、补偿性的体系，如此以实现社会保障之公正和共享目标。

---

　　① 赵青、李珍：《英国长期照护：基本内容、改革取向及其对我国的启示》，《社会保障研究》，2018 年第 5 期。

附录　访谈提纲

农村社会救助需求情况深度访谈提纲

（深入老年贫困家庭，面对面访问老年贫困者或其家庭成员；保存其电话，请其提供相关案例及分析；记下每位老年受访者的家庭情况、背景经历等）

一、关于农村老年社会救助的需求表达

1. 当您生活有困难时，您是如何向政府表达您对社会救助（包括"低保"）的需求？

提示：方式（个人、家庭、组织如农会、老年协会等）；途径（上门、电话、信件等）

2. 您向政府表达您对社会救助（包括"低保"）的需求后，有否得到政府的及时且有效反馈？

3. 您认为怎样才能使老年贫困者的社会救助（包括"低保"）需求有效地被政府听到和采纳？

二、关于农村老年社会救助的对象界定

1. 您认为应该根据什么因素来确定一个老年人能够得到社会救助

（包括"低保"）资格？（如收入、资产、健康、年龄、住房、婚姻状况等）

2. 您认为是否应该将老年救助（"低保"）对象与其他救助（包括"低保"）对象区别对待？为什么？

3. 目前农村"低保"申请条件是"持有当地农村户口、共同生活的家庭成员年人均纯收入低于当地农村低保标准，且实际生活水平低于当地农村低保标准"。您认为应该怎样界定"共同生活"？

4. 是否有其他社会组织参与家计调查和救助资格的评审？

5. 根据您的观察，是否有需要救助（包括"低保"）的老年人没有得到救助？如果有，原因主要是什么？

三、关于农村老年社会救助的待遇确定

1. 您当前的"低保"金/特困救助金是否能满足您的基本生活需要？如果不能，您认为每月"低保"金/特困救助金多少元才合适？

2. 关于"低保"/特困救助待遇的给付，有现金、实物、服务等形式，您认为哪种给付形式更好？

3. 相对于其他贫困人员，老年贫困者是否有其特殊的救助需求？如果有，主要有哪些？应该怎样满足其特殊救助需求？

4. 您认为由村委会进行"低保"/特困救助资格的初步评估是否合适？为什么？

5. 您认为社会救助制度在实施过程中，对申请者家庭收入的判断是否准确？

6. 您认为社会救助制度在实施过程中，对不同收入状况者的给付是否公平？

四、请问您对社会救助（包括"低保"）还有什么需求和建议？

农村老年社会救助供给情况深度访谈提纲

（深入农村基层社会救助工作人员办公室进行面对面访谈或电话咨询）

一、关于农村老年社会救助的需求表达机制

1. 农村老年人如何表达他们的社会救助需求？

2. 对于贫困老年人的需求，是否有正式的组织化的需求表达机制？

3. 贫困老年人的需求表达能力如何？是否有较强的需求表达意识？

4. 有否采取什么措施来促使老年人真实表达自己的救助需求？

5. 基层组织如何对老年人的救助需求进行反馈？

二、关于农村老年社会救助的对象界定机制

1. 目前农村"低保"申请条件是"持有当地农村户口、共同生活的家庭成员年人均纯收入低于当地农村低保标准，且实际生活水平低于当地农村低保标准"，"共同生活"的政策解释及现实中的实际操作是怎样的？

2. 您认为应该根据什么因素来确定一个老年人能够接受社会救助？

3. 有否将老年救助对象与其他救助对象相区别？

4. 有否因救助资金不足，而"以钱定人"？

三、关于农村老年社会救助的待遇确定机制

1. 老年人的特殊救助需求有哪些？

2. 有否根据老年人的特殊救助需求进行待遇的确定？（如日常照顾、医疗护理等）

3. 针对老年人的专项救助情况如何？（医疗、住房、司法援助、就业、精神救助等）获得专项救助的前提是否是必须取得"低保"/特困救助资格？

4. 有否根据老年人的护理需求，提供系统的专业化的养老服务？

5. 老年救助现金、实物及服务的供给比例及范围？

四、关于农村老年社会救助的筹资机制

1. 本地区老年社会救助资金的分担情况。（中央、省市县的财政承担比例）

2. 目前救助资金分担归宿的问题、建议及对策。（如关于财政转移支付机制、财政支出改革等）

3. 有否建立畅通的社会资金流入机制？

五、关于农村老年社会救助的管理运行机制

1. 老年社会救助的管理主体有哪些？

2. 这些管理主体各自的职责及权利有哪些？

3. 这些管理主体之间的工作协调情况如何？

4. 是否建立各管理部门纵横贯通的信息共享机制？

5. 老年救助与老年福利、养老保险制度的衔接情况如何？

6. 是否建立适合老年社会救助工作的评估监督及激励机制？具体内容是什么？

六、农村老年社会救助的规模

1. 本区域60岁以上老年人数量占总人口比是多少？其中享受社会救助（包括"五保"、特困）的老年人数有多少？

参考文献

（一）中文文献

1. ［汉］班固、［唐］颜师古注：《汉书》，中华书局1962年版。

2. ［晋］陈寿撰、陈乃乾校点：《三国志》，中华书局1982年版。

3. ［梁］萧子显撰：《南齐书》，中华书局2000年版。

4. ［美］N. R. 霍曼、H. A. 基亚克：《社会老年学》，冯韵文、屠敏珠译，社会科学文献出版社1992年版。

5. ［美］C. K. 普拉哈拉德著：《金字塔底层的财富：为穷人服务的创新型商业模式》，傅婧瑛译，人民邮电出版社2015年版。

6. ［美］杜赞奇：《文化、权利与国家》，王福明译，江苏人民出版社2004年版。

7. ［美］费正清：《中国：传统与变迁》，张沛、张源、顾思兼译，吉林出版集团2013年版。

8. ［明］宋濂撰：《元史》卷一七九《列传八四·孝友一》，中华书局1976年版。

9. ［南朝宋］范晔撰：《后汉书》，中华书局1965年版。

10. ［北齐］魏收撰：《魏书》，中华书局2000年版。

11. ［清］徐松辑录：《宋会要辑稿》，中华书局1957年版。

12. ［清］朱铭盘编撰、顾吉辰等点校：《南朝陈会要》，上海古籍出版社2006年版。

13. ［宋］范浚撰：《范香溪先生文集》，文渊阁四库全书本。

14. ［宋］范祖禹撰：《范太史集》，文渊阁四库全书本。

15. ［宋］龚明之撰：《中吴纪闻》，文渊阁四库全书本。

16. ［宋］吕之谦撰：《吕东莱文集（卷7）》，《义乌徐君（文献）墓志铭》丛书集成本。

17. ［宋］吴处厚撰：《青箱杂记》，中华书局1997年版。

18. ［宋］叶适撰：《水心集（卷14）》，影印版。

19. ［宋］张栻撰：《南轩集》卷四零《教授魏元履（掞之）墓表》，四库全书抄本。

20. ［宋］章如愚撰：《山堂考索后集》，清文渊阁四库全书本。

21. ［宋］周应合撰：《景定建康志（卷23）》，文渊阁四库全书本。

22. ［宋］朱熹撰：《晦庵先生文集》，线装书局2004年版。

23. ［唐］房玄龄等撰：《晋书》，中华书局1974年版。

24. ［唐］房玄龄注、［明］刘绩补注、刘晓艺校点：《管子》，上海古籍出版社2015年版。

25. ［唐］李林甫等撰、陈仲夫等点校：《唐六典》，中华书局2014年版。

26. ［元］陈澔注、金晓东校点：《礼记》，上海古籍出版社2016年版。

27. ［元］胡祗遹撰：《紫山大全集》卷一八《隐士高君墓志铭》，文渊阁四库全书本。

28. 《日本老龄化现"新情况"：老年人口中"75岁"过半》，2018年3月22日，https：//news. online. sh. cn/news/gb/content/2018－03／22/content_8825505. html。

29. 《卫计委官员：全国2.2亿老人1.5亿患有慢性病》，2016年10月31日，http：//finance. sina. com. cn/roll/2016-10-31/doc-ifxxfysn8240986. shtml。

30. 柏桦:《明清"收养孤老"律例与社会稳定》,《西南大学学报（社科版）》,2008 年第 6 期。

31. 曹春:《社会保障筹资改革国际比较及对我国的启示》,《经济研究参考》,2013 年第 36 期。

32. 曹清华:《老年社会救助的兜底保障问题研究》,《河南师范大学学报（哲学社会科学版）》,2016 年第 3 期。

33. 曹清华:《老年社会救助制度:国际实践及其启示》,第五届中国社会救助研讨会优秀论文。

34. 曹清华:《中国基本养老保险财政责任的分析与评估》,中国社会科学出版社 2019 年版。

35. 陈桦:《清代减灾防灾的政策与措施》,《清史研究》,2004 年第 3 期。

36. 陈淑君:《人口老龄化背景下的黑龙江农村养老救助体系研究》,《黑龙江社会科学》,2009 年第 3 期。

37. 陈友华、苗国:《老年贫困与社会救助》,《山东社会科学》,2015 年第 7 期。

38. 陈园:《江西省老年人再就业意愿的影响因素分析及对策研究》,江西财经大学优秀硕士论文,2017 年。

39. 陈志国:《发展中国家农村养老保障架构与中国农村养老保障模式的选择》,《改革》,2005 年第 1 期。

40. 程淑兰编著:《世界银行发展报告 20 年回顾:1978—1997》,中国经济出版社 1999 年版。

41. 仇凤仙:《社会排斥与贫困:农村老人贫困问题结构性分析——以安徽省泗县大李村调查为例》,《山东农业大学学报（社会科学版）》,2011 年第 1 期。

42. 崔恒展、李宗华:《老龄化背景下的养老内容研究》,《山东社会科学》，2012 年第 4 期。

43. 崔恒展：《基于唐朝给侍制度的家庭养老支持政策思考》，《山东社会科学》，2016 年第 8 期。

44. 丁建定：《新农保与农村其他社会保障制度之间的关系》，《中国社会报》，2010-5-25。

45. 丁英顺：《日本老年贫困现状及应对措施》，《日本问题研究》，2017 年第 4 期。

46. 段世江、安素霞：《志愿者活动是城市老年人社会参与的主渠道——兼论老年志愿者活动开展的必然性》，《河北大学学报（哲学社会科学版)》，2011 年第 6 期。

47. 多吉才让：《最低生活保障制度研究》，人民出版社 2001 年版。

48. 范逢春、李晓梅：《农村公共服务多元主体动态协同治理模型研究》，《管理世界》，2014 年第 9 期。

49. 费孝通：《乡土中国》，北京大学出版社 2009 年版。

50. 费孝通：《中国士绅：城乡关系论集》，赵旭东、秦志杰译，外语教学与研究出版社 2011 年版。

51. 冯英、聂文倩：《外国的社会救助》，中国社会出版社 2007 年版。

52. 甘肃省文物工作队、甘肃省博物馆编：《汉简研究文集》，甘肃人民出版社 1984 年版。

53. 高功敬、高灵芝、谭志福：《中国非公募基金会发展现状、困境及对策研究》，2017 年 12 月 14 日，中国社会组织公共服务平台 http：//www. chinanpo. gov. cn/700104/92487/preindex. html。

54. 高翔、王三秀：《农村老年多维贫困的精准测量与影响因素分析》，《宏观质量研究》，2017 年第 6 期。

55. 耿云：《城乡社区服务类社会组织现状与发展研究》，2015 年 12 月 18 日，中国社会组织公共服务平台 http：//www. chinanpo. gov. cn/

700104/92487/preindex. html。

56. 郭林：《农村养老服务如何补齐短板》，2019 年 4 月 23 日，中国劳动保障新闻网 http：//www. clssn. com/html1/report/21/3769-1. htm。

57. 国际劳工局：《全球养老保障——改革与发展》，杨燕绥等译，中国劳动社会保障出版社 2002 年版。

58. 何小勤：《区域养老救助均等化研究——基于五保集中供养视角》，《社会主义研究》，2012 年第 1 期。

59. 侯学元、陈友华、沙荣胜、李大伟：《现代民政视角下的老年社会救助研究》，《社会政策研究》，2017 年第 4 期。

60. 侯学元：《老年社会救助制度面临的问题与对策》，《中国民政》，2017 年第 3 期。

61. 胡豹、卫新：《农村养老保障模式的国际比较与经验借鉴》，《农村经济》，2005 年第 10 期。

62. 黄鸿山：《"教养兼施"的实践、成效与困境：民国浙江救济院研究（1928—1937)》，《苏州大学学报（哲社版)》，2017 年第 7 期。

63. 黄鸿山：《中国近代慈善事业研究——以晚清江南为中心》，天津古籍出版社 2011 年版。

64. 黄俊辉、李放：《农村养老保障政策的绩效考察——基于 27 个省域的宏观数据》，《人口学刊》，2013 年第 1 期。

65. 纪玉哲、吴知音：《社会救助制度的财政保障问题研究》，《财政问题研究》，2013 年第 5 期。

66. 江治强：《慈善救助与社会救助的衔接机制建设》，《行政管理改革》，2015 年第 5 期。

67. 景天魁、杨建海：《底线公平和非缴费型养老金：多层次养老保障体系的思考》，《学习与探索》，2016 年第 3 期。

68. 赖志杰：《"瞄偏"与"纠偏"：社会救助对象的确定——以最低

生活保障制度为例》，《理论探索》，2013 年第 2 期。

69. 雷璐璐、方付建：《农村老年群体社会帮扶与救助体系研究——以重庆石柱县土家族自治区为例》，《理论观察》，2014 年第 1 期。

70. 黎翔凤校注、梁运华整理：《管子校注：入国》，《新编诸子集成》本，中华书局 2004 年版。

71. 李娜：《唐代给侍法律制度研究》，安徽大学硕士学位论文，2017 年。

72. 李亚军：《印度非缴费型养老金制度发展评述》，《南亚研究季刊》，2014 年第 1 期。

73. 林宝：《中国不能自理老年人口的现状及趋势分析》，《人口与经济》，2015 年第 4 期。

74. 林闽钢：《我国社会救助体系发展四十年：回顾与前瞻》，《北京行政学院学报》，2018 年第 5 期。

75. 林茜：《农村社会呼唤多元主体协同治理》，《人民论坛》，2019 年第 5 期。

76. 林瑜胜、李爱：《建立农村贫困老年人扶贫支持体系》，《中国社会科学报》，2017-11-22。

77. 刘畅、刘晨晖：《低收入群体救助瞄准机制研究——基于辽宁省社会调查的实证分析》，《财政研究》，2011 年第 6 期。

78. 刘传刚、王学珍：《社会救助机制中政府责任的完善》，《法制与社会》，2009 年第 36 期。

79. 刘欢：《农村老人自理能力、服务需求与家庭贫困关联度分析》，《人口学刊》，2017 年第 6 期。

80. 刘书巨、赵曰祥：《滕州助老扶贫成效斐然》，《中国老年报》，2004-11-16。

81. 刘苏荣：《战后英国社会救助制度研究》，云南大学出版社 2015

年版。

82. 刘涛：《德国社会救助制度改革对我国低保制度的启示》，《社会保障研究》，2011 年第 2 期。

83. 刘涛：《联邦德国老年防贫体系：社会救助制度的动态扩展及增量扩容》，《社会保障评论》，2017 年第 2 期。

84. 刘文：《人口老龄化的全球发展趋势》，《劳动经济评论》，2015 年第 1 期。

85. 刘阳阳：《农村贫困老人精准救助机制研究》，《中国集体经济》，2018 年第 36 期。

86. 柳如眉、柳清瑞：《人口老龄化、老年贫困与养老保障——基于德国的数据与经验》，《人口与经济》，2016 年第 2 期。

87. 吕思慧：《老龄化背景下老年人再就业之权利研究》，《法制与社会》，2019 年第 8 期。

88. 吕雪静：《日本社会救助制度的最新改革及对中国的启示》，《苏州大学学报（哲社版）》，2016 年第 3 期。

89. 吕友仁、李正辉译注：《周礼》，中州古籍出版社 2010 年版。

90. 马静：《中国农村社会救助制度的顶层设计》，《学术月刊》，2013 年第 4 期。

91. 马明：《农村养老模式的国际比较及其借鉴》，《华东经济管理》，2014 年第 5 期。

92. 民政部政策研究室编：《中国农村社会保障》，中国社会出版社 1997 年版。

93. 牛志勇：《农村养老保障方式的国际比较与借鉴》，《经济研究导刊》，2014 年第 1 期。

94. 乔晓春、张恺悌、孙陆军：《中国老年贫困人口特征分析》，《人口学刊》，2006 年第 4 期。

95. 全国老龄工作委员会办公室编：《第四次中国城乡老年人生活状况抽样调查总数据集》，华龄出版社 2018 年版。

96. 塞冬：《超低生育率养成记》，2019 年 2 月 5 日，http：//finance.sina.com.cn/china/gncj/2019-02-05/doc-ihqfskcp3294528.shtml。

97. 上海社会科学院宗教研究所、上海市宗教学会：《宗教问题探索：1984 年文集》，上海社会科学院出版社 1984 年版。

98. 施祖美：《老龄事业与创新社会管理》，社会科学文献出版社 2013 年版。

99. 宋全成、崔瑞宁：《从健康老龄化到积极老龄化：人口高速老龄化的应对》，《山东社会科学》，2013 年第 4 期。

100. 宋心璐：《我国政府社会救助支出对民间慈善捐赠挤出效应的分析》，武汉大学硕士学位论文，2017 年。

101. 苏保忠、张正河：《人口老龄化背景下农村养老的困境及其路径选择——基于安徽省砀山县的实证分析》，《改革与战略》，2008 年第 1 期。

102. 孙建娥、张志雄：《多元协同救助机制内容、反思和构建》，《社会福利（理论版）》，2015 年第 3 期。

103. 孙洁：《家庭财产调查在英国社会救助制度中的功能及其启示》，《学习与实践》，2008 年第 1 期。

104. 孙鹃娟：《老年人再就业与二次人口红利》，《人民论坛》，2019 年第 2 期。

105. 孙霓：《我国多元化的农村社会救助机制研究》，北京交通大学硕士学位论文，2009 年。

106. 台湾研究院历史语言研究所校勘：《明太祖实录》，上海书店 1982 年印制。

107. 唐钧：《关于社会保险与社会救助的衔接》，《中国社会保障》，2012 年第 1 期。

108. 陶大镛主编:《社会发展史》,人民出版社 1982 年版。

109. 田甜:《浅论我国老年社会救助制度的构建》,山东大学硕士学位论文,2012 年。

110. 田香兰:《日本老年社会保障模式的解析》,《日本研究》,2008 年第 3 期。

111. 佟雪:《贫困地区农村养老服务需求若干问题》,《当代经济》,2016 年第 36 期。

112. 完颜少平:《中国古代法的"家族本位"与"国家本位"》,《现代商贸工业》,2007 年第 3 期。

113. 王大学:《晚清到民国时期江南地方慈善组织的社会转型》,复旦大学硕士学位论文,2004 年。

114. 王建楷、赵琛徽主编:《湖北省第四次城乡老年人生活状况抽样调查数据分析》,武汉大学出版社 2016 年版。

115. 王蕾:《贫困地区的农村养老需求分析》,《赤峰学院学报(汉文哲学社会科学版)》,2013 年第 3 期。

116. 王宁、庄亚儿:《中国农村老年贫困与养老保障》,《西北人口》,2004 年第 2 期。

117. 王倩、毕红霞:《我国农村低保标准的评估——基于 ELES 模型》,《新疆农垦经济》,2016 年第 9 期。

118. 王卫平、黄鸿山:《中国古代传统社会保障与慈善事业——以明清时期为重点的考察》,群言出版社 2004 年版。

119. 王轶群:《先秦时期老人社会救助思想探析》,华中师范大学硕士学位论文,2012 年。

120. 王永茜:《英国福利制度改革:"社会关怀"还是"社会控制"?》,《国外理论动态》,2019 年第 1 期。

121. 王增文、邓大松:《倾向度匹配、救助依赖与瞄准机制——基于社会救助制度实施效应的经验分析》，《公共管理学报》，2012 年第 2 期。

122. 王子今、刘悦斌、常宗虎：《中国社会福利史》，武汉大学出版社 2013 年版。

123. 吴敏：《基于需求与供给视角的机构养老服务发展现状研究》，山东大学博士学位论文，2011 年。

124. 吴香雪：《农村老年贫困人口社会救助问题研究》，《重庆工商大学学报》，2014 年第 6 期。

125. 吴月辉：《城乡老百姓都有了低保》，《人民日报（海外版）》，2008-08-16（5）。

126. 夏明方：《民国时期自然灾害与乡村社会》，中华书局 2000 年版。

127. 肖金明：《老年人社会救助制度研究》，山东大学出版社 2015 年版。

128. 谢振民编：《中华民国立法史》（下册），张知本校订，中国政法大学出版社 1999 年版。

129. 辛怡、王学志：《美国、日本长期护理救助制度及其对中国的借鉴》，《南方论刊》，2011 年第 2 期。

130. 徐百齐编：《中华民国法规大全》（第 1 册），商务印书馆 1937 年版。

131. 徐月宾、张秀兰、王小波：《国际社会福利改革：对中国社会救助政策的启示》，《江苏社会科学》，2011 年第 5 期。

132. 严佩升：《欠发达地区农村老年贫困现状及对策分析——基于云南大关县六镇三乡的调查》，《四川职业技术学院学报》，2013 年第 10 期。

133. 杨立雄：《建立非缴费型养老津贴：农村养老保障的一个选择性方案》，《中国软科学》，2006 年第 2 期。

134. 杨立雄：《老年福利制度研究》，人民出版社 2013 年版。

135. 杨立雄：《中国老年贫困人口规模》，《人口研究》，2011 年第 4

期。

136. 杨胜慧、林翌甲、柽诗怡：《生活不能自理老年人口的预期寿命及其城乡差异——基于"六普"数据分析》，《社会建设》，2016 年第 3 期。

137. 于立繁：《农村老年贫困与老年社会保障制度建设——基于安徽省部分贫困农村的实地调研》，山东大学硕士学位论文，2007 年。

138. 禹舜编：《湖南大辞典》，新华出版社 1995 年版。

139. 翟铁民等：《我国慢性非传染疾病卫生费用与筹资分析》，《中国卫生经济》，2014 年第 2 期。

140. 占美柏：《论社会救助机制之功能障碍与制度改进》，《岭南学刊》，2007 年第 7 期。

141. 张黎黎、谈志林：《构建我国普惠型社会救助体系的战略思考》，《理论与改革》，2009 年第 1 期。

142. 张文：《宋朝民间慈善活动研究》，重庆西南师范大学出版社 2005 年版。

143. 张萱：《日本护理救助制度的介绍与分析》，《东南亚纵横》，2009 年第 6 期。

144. 张珍：《日本老年人就业现状分析》，《智富时代》，2019 年第 3 期。

145. 章晓懿：《社区能力视角下的社会救助瞄准机制研究：转型国家的经验》，《社会保障评论》，2017 年第 2 期。

146. 赵青、李珍：《英国长期照护：基本内容、改革取向及其对我国的启示》，《社会保障研究》，2018 年第 5 期。

147. 赵清文译注：《孟子》，华夏出版社 2017 年版。

148. 赵巍巍：《从美国养老保险体系中可借鉴什么》，《中国劳动保障报》，2016-10-21。

149. 郑军、朱甜甜:《农村养老保障制度中政府责任差异的国际比较及启示》,《重庆工商大学学报》, 2014 年第 2 期。

150. 中国人民大学老年学研究所:《中国老年社会追踪调查》(研究报告), 2016 年 3 月 7 日,http://news. ruc. edu. cn/archives/126534。

151. 中华续行委办会调查特委会:《1901—1920 基督教调查资料》, 中国社会科学出版社 2007 年版。

152. 周秋光、曾桂林:《中国慈善史》, 人民出版社 2006 年版。

153. 周杨波:《宋代士绅结社研究》, 中华书局 2008 年版。

154. 朱晓、范文婷:《中国老年人收入贫困状况及其影响因素研究——基于 2014 年中国老年社会追踪调查》,《北京社会科学》, 2017 年第 1 期。

(二) 英文文献

1. Adema, W. (2006), *Social Assistance Policy Development and the Provision of a Decent Level of Income in Selected OECD Countries*. OECD Social Employment and Migration Working Papers, No. 38, OECD Publishing.

2. Ajwad, M. I. (2007), *Performance of Social Safety Net Programs in Uttar Pradesh*. Social Protection Discussion Paper No. 0714, World Bank.

3. Andreea, Balan C. (2007), *Healthy, Wealthy and Wise? The Impact of the Old Age Assistance Program on Elderly Mortality in the United States*. https://papers. ssrn. com/sol3/papers. cfm? abstract_ id=1115333.

4. Armando B. (2006), *Cash transfers for older people reduce poverty and inequality*, Draft Background Paper for WDR 2006: Equity and Development, http://siteresources. worldbank. org/INTRANETSOCIALDEVELOPMENT/Resources/Pensions_Brazil_Bangladesh_SouthAfrica_Barrientos. pdf.

5. Armando B., and Sony P. (2013), *Delivering effective social assistance: Does politics matter?* ESID Working Paper No. 09, www. effective –

states. org.

6. Atkinson, A. B., *Social Insurance*, in A. B. Atkinson (ed.) Incomes and the Welfare State, Essays on Britain and Europe. Cambridge, Cambridge University Press, 1995, 205-219.

7. Barrientos, A. (2003a), *Non-contributory pensions and the well-being of older people, Evidence on multidimensional deprivation from Brazil and South Africa*, mimeo, Manchester, IDPM, University of Manchester.

8. Carr, Dara, *Improving the Health of the World's Poorest People*. Health Bulletin, Population, 2004.

9. Carvalho, I. (2000b), *Household Income as a determinant of child labour and school enrollment in Brazil, Evidence from a social security reform*, mimeo, MIT.

10. Chen, K., G. Wu, X. He, J. Bi, and Z. Wang (2018), *From Rural to Rural Urban Integration in China, Identifying New Vision and Key Areas for Post-2020 Poverty Reduction Strategy*. International Food Policy Research Institute, http, //ebrary. ifpri. org/cdm/ref/collection/p15738coll2/id/133049.

11. Cuellar, A. E., Wiener, J. M. *Can Social Insurance for Long-term Care Work? The Experience of Germany*. Health Affairs, 2000, 19 (3), 8-25.

12. David Coady, Margaret E. Grosh, John Hoddinott, *Targeting of Transfers in Developing Countries, Review of Lessons and Experience*. World Bank Publications, 2004, 1.

13. Delgado, G. C. and J. C. Cardoso (2000a), *Condicões de reproducão econômica e combate à pobreza*, in G. C. Delgado and J. C. Cardoso (eds.), A Universalização de Direitos Sociais no Brazil, a Prêvidencia Rural nos anos 90, Brasilia, IPEA.

14. Delgado, G. C. and J. C. Cardoso (2000b), *Principais Resultados*

da Pesquisa Domiciliar sobre a Previdência Rural na Região Sul do Brasil, Texto para Discussao 734, Rio de Janeiro: Instituto de Pesquisa Econômica Aplicada.

15. Dora L. Costa. *A house of her own: old age assistance and the living arrangements of older nonmarried women* . Journal of Public Economics, 1999, 72（1）: 39-59.

16. EEC, *The Institution of an official Poverty Line and Economics Policy.* Welfare state program paper series, 1993.

17. Friedberg, Leora, *The Effect of Old Age Assistance on Retirement.* Journal of Public Economics, 1999, 71（2）: 213-232.

18. Gtting, U. , Haug, K. , Hinrichs, K. *The Long Road to Long-term Care Insurance in Germany.* Journal of Public Policy, 1994, 14（3）: 285-309.

19. Harold Alderman, *Multi-Tier Targeting of Social Assistance: The Role of Intergovernmental Transfers.* The World Bank Economic Review, 2001, 15（1）.

20. Harrington, C. A. , Geraedts. M. , Heller, G. V. , *Germany's Long Term Care Insurance Model: Lessons for the United States.* Journal of Public Health Policy, 2002, 23（1）: 44-65.

21. Hinrichs K. , Aleksrowicz P. , *Reforming European pension systems for active ageing.* International Social Science Journal, 2010, 58（190）: 585-599.

22. Horizon Foundation（1999）, *The Horizon Foundation launches initiative to help county senior age in place*, www. the HorizonFoundation. org/news/press/index. html .

23. John Micklewright, Aline Coudouel, Sheila Marnie, *Targeting and Self-Targeting in a New Social Assistance Scheme.* IZA Discussion Paper Series, 2004, No. 1112.

24. Kathleen M. McGarry（2002）, *Guaranteed Income. SSI and the Well-Being of the Elderly Poor*, http: //www. nber. org/chapters/c9748.

25. Kinney J. M. , *Home Care and Care Giving*, *James E Encyclopedia of Gerontology*. San Diego: Academic Press, 1996, 1: 667-678.

26. Lim J. Y. *Retireorrehire*: *learning from the Singapore story*. Springer Netherlands, 2013 (19): 241-251.

27. Lund, F. , *Understanding South African social security through recent household surveys*: *new opportunities and continuing gaps*. Development Southern Africa, 1999, 16 (1): 55-67.

28. Meinow B. , Kareholt I. , Lagergren M. , *According to Need? Predicting the Amount of Municipal Home Help Allocated to Elderly Recipients in An Urban Area of Sweden*. Health and Social Care in the Community, 2005 (13): 366-377.

29. Moroney Robert M. , *Caring and competent caregivers*. Georgia: The University of Georgia Press, 1998.

30. OECD (2017), *Pensions at a Glance 2017*: *OECD and G20 Indicators*, OECD Publishing, Paris, https://doi. org/10. 1787/pension_ glance - 2017-en.

31. Oppenheim C. , *Poverty*: *the Facts*. Child Poverty Action Group, 1993.

32. Pillermer Karl, Macadam M. , Wolf R. S. , *Services to Families with Dependent Elders*. Journal of Aging & Social Policy, 1989 (1): 67-88.

33. Puja Vasudeva Dutta (2008), *The Performance of Social Pensions in India*: *The Case of Rajasthan*, Social protection discussion paper; no. 0834. Washington, DC : World Bank Group. http://documents. worldbank. org/curated/en/470971468159329672.

34. Rowntree, *Poverty*: *A study of town life*. Lodon: Macmillan, 1901.

35. Stephan K. , Tobias L. , Felix P. , *A feminization of vulnerability? Female headship, poverty and vulnerability in Thailand and Vietnam*. World

Development, 2015, 71（1）: 36-53.

36. Vivi Alatas, Abhijit Banerjee, Rema Hanna, et al. , *Targeting the Poor: Evidence from a Field Experiment in Indonesia.* The American Economic Review, 2012, 102（4）.

37. World Bank, *Balancing Protection and Opportunity: A Strategy for Social Protection in Transition Economies.* Washington, D. C. : World Bank, 2000.

38. Yong V. , Minagawa Y. , Saito Y. , *Policy and program measures for successful aging in Japan.* Successful Aging, 2015: 81-97.

39. Zacher H. , Griffin B. , *Work, aging, and retirement in Australia: Introduction to the special issue.* Work Aging & Retirement, 2015, 1（2）: 129-132.

40. Zimmer Z. , *Poverty, wealth inequality and health among older adults in rural Cambodia.* Social Science and Medicine, 2008, 66（1）: 57-71.